STUDENT ACTIVITIES MANUAL
(Workbook/Lab Manual/Video Manual)

LENGUA

VENTANAS

Curso intermedio de lengua española

SECOND EDITION

Blanco • Colbert

VISTA
HIGHER LEARNING

Boston, Massachusetts

Printed in the United States of America.

ISBN-13: 978-1-60007-603-9

1 2 3 4 5 6 7 8 9 M 13 12 11 10 09 08 07

Table of Contents

About the Student Activities Manual vii

WORKBOOK

Lección 1

Contextos 1
Estructura 3
Lectura 11
Composición 12

Lección 2

Contextos 13
Estructura 15
Lectura 23
Composición 24

Lección 3

Contextos 25
Estructura 27
Lectura 34
Composición 35

Lección 4

Contextos 37
Estructura 39
Lectura 46
Composición 47

Lección 5

Contextos 49
Estructura 51
Lectura 58
Composición 59

Lección 6

Contextos 61
Estructura 63
Lectura 70
Composición 71

Lección 7

Contextos 73
Estructura 75
Lectura 82
Composición 83

Lección 8

Contextos	85
Estructura	87
Lectura	94
Composición	95

Lección 9

Contextos	97
Estructura	99
Lectura	106
Composición	107

Lección 10

Contextos	109
Estructura	111
Lectura	118
Composición	119

Lección 11

Contextos	121
Estructura	123
Lectura	130
Composición	131

Lección 12

Contextos	133
Estructura	135
Lectura	142
Composición	144

LAB MANUAL

Lección 1

Contextos   145

Estructura   146

Pronunciación   149

Lección 2

Contextos   151

Estructura   152

Pronunciación   155

Lección 3

Contextos   157

Estructura   158

Pronunciación   161

Lección 4

Contextos   163

Estructura   164

Pronunciación   167

Lección 5

Contextos   169

Estructura   170

Lección 6

Contextos   173

Estructura   174

Lección 7

Contextos   177

Estructura   178

Lección 8

Contextos   181

Estructura   182

Lección 9

Contextos   185

Estructura   186

Lección 10

Contextos   189

Estructura   190

Lección 11

Contextos   193

Estructura   194

Lección 12

Contextos   197

Estructura   198

VIDEO MANUAL

Lección 1   201
Lección 2   203
Lección 3   205
Lección 4   207
Lección 5   209
Lección 6   211
Lección 7   213
Lección 8   215
Lección 9   217
Lección 10   219
Lección 11   221
Lección 12   223

About the Student Activities Manual

The **VENTANAS: Lengua, Second Edition,** Student Activities Manual (SAM) provides you with additional practice of the vocabulary, grammar, and language functions presented in each of your textbook's twelve lessons. The SAM will also help you to continue building your Spanish language skills: listening, speaking, reading, and writing. The SAM for **VENTANAS: Lengua, Second Edition** combines three major learning tools in a single volume: the Workbook, the Lab Manual, and the Video Manual.

Workbook

Each lesson's workbook activities focus on developing your reading and writing skills as they recycle the language of the corresponding textbook lesson. Exercise formats include, but are not limited to, true/false, multiple choice, fill-in-the-blanks, sentence completions, fleshing out sentences from key elements, and answering questions. You will also find activities based on drawings and photographs.

Reflecting the overall organization of the textbook lessons, each workbook lesson consists of **Contextos** and **Estructura** sections, in addition to **Lectura** and **Composition** sections where you will concentrate on reading and writing in a more focused and directed manner.

Lab Manual

The Lab Manual activities are designed for use with the **VENTANAS: Lengua, Second Edition** Lab Audio Program MP3s on the Supersite (available on CD-ROM upon request). The activities focus on building your listening comprehension, speaking, and pronunciation skills in Spanish, as they reinforce the vocabulary and grammar of the corresponding textbook lesson. The Lab Manual guides you through the Lab Audio Program MP3 files, providing the written cues—direction lines, models, charts, drawings, etc.—you will need in order to follow along easily. You will hear statements, questions, dialogues, conversations, monologues, commercials, and many other kinds of listening passages, all recorded by native Spanish speakers. You will encounter a wide range of activities, such as listening-and-repeating exercises, listening-and-speaking practice, listening-and-writing activities, illustration-based work, and dictations.

Each lesson of the Lab Manual contains a **Contextos** section that practices the vocabulary taught in the corresponding textbook lesson, and each one continues with an **Estructura** section. **Lecciones 1–4** contain a **Pronunciación** section in which you will practice sounds that are particularly difficult for students of Spanish.

Video Manual

The **VENTANAS: Lengua, Second Edition Fotonovela** Video offers five- to seven-minute episodes of an original situation comedy, one episode for each of the twelve lessons in the student textbook. The sitcom's characters—Fabiola, Mariela, Diana, Éric, Johnny, and their boss, Aguayo—work in Mexico City for a magazine called *Facetas,* and quite a few humorous and unexpected situations arise in every episode. Each of the main characters has a distinct personality that enlivens every situation in which they seem to find themselves.

The structure of each episode parallels contemporary popular sitcoms, complete with a "teaser" scene that introduces the show and a funny "tag" scene that ends the episode with a joke. The video episodes are expanded versions of the ones featured in the **Fotonovela** sections of your textbook. Each episode emphasizes the grammar and vocabulary of the corresponding textbook lesson within the context of the episode's key events.

The video activities will guide you through the video episodes. **Antes de ver el video** offers previewing activities to prepare you for successful video viewing experiences. **Mientras ves el video** contains while-viewing activities that will take you through each episode, focusing on key ideas and events. Lastly, **Después de ver el video** provides post-viewing activities that check your comprehension and ask you to apply these materials to your own life or offer your own opinions.

We hope that you will find the SAM for **VENTANAS: Lengua, Second Edition** to be a useful language learning resource and that it will help you increase your Spanish language skills both effectively and enjoyably.

The VENTANAS: Lengua, Second Edition writers and the
Vista Higher Learning editorial staff

CONTEXTOS

Lección 1
Las relaciones personales

1 **Palabras cruzadas** Completa el crucigrama.

1. alguien que no dice la verdad
2. alguien que es muy afectuoso y que muestra las emociones fácilmente
3. algo que no es cierto
4. cuando un chico sale con una chica, o al revés
5. una persona que siente vergüenza de hablar con otras personas
6. el estado civil de alguien que vive en matrimonio

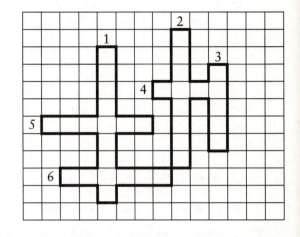

2 **No, no es verdad** Fabiola y Mariela nunca se ponen de acuerdo. Cuando Fabiola dice algo, Mariela siempre le contesta diciendo lo contrario. Escribe lo que contesta Mariela según el modelo.

> **modelo**
>
> **FABIOLA** ¡Carlos es insensible!
> **MARIELA** *No, no es verdad. Carlos es sensible.*

1. **FABIOLA** Fermín y Carla se odian.
   MARIELA _____
2. **FABIOLA** Fermín es muy inseguro.
   MARIELA _____
3. **FABIOLA** Carla está muy ansiosa.
   MARIELA _____
4. **FABIOLA** Ellos están divorciados.
   MARIELA _____
5. **FABIOLA** Ellos se llevan fatal.
   MARIELA _____

3 **Opuestos** Escribe el antónimo de estas palabras o expresiones.

1. agobiado _____
2. casado _____
3. pasarlo bien _____
4. salir con alguien _____
5. tacaño _____

Lección 1 Workbook | **1**

4 **Oraciones incompletas** Elige la palabra apropiada para completar cada definición.

1. Una persona que impone reglas muy estrictas es _____.
   a. autoritaria   b. emocionada   c. graciosa

2. Alguien que se siente siempre triste es una persona _____.
   a. ansiosa   b. deprimida   c. tacaña

3. A una persona _____ no le gusta gastar su dinero.
   a. falsa   b. cariñosa   c. tacaña

4. Alguien es _____ cuando no dice la verdad.
   a. maduro   b. orgulloso   c. mentiroso

5 **Analogías** Completa cada analogía con la palabra adecuada.

1. pasarlo bien : discutir :: adorar: _____

2. seguro : confianza :: cariñoso: _____

3. salir con : romper con :: estar casado: _____

4. preocupado : ansioso :: mentiroso: _____

6 **Relaciones** Usa las palabras y frases de la lista para formar oraciones sobre personas que
tú conozcas.

cuidar	hacerle caso a alguien	pasarlo bien
discutir	llevar…años de casados	salir con
estar harto de	mantenerse en contacto	soportar a alguien

1. Mis padres **llevan** veinte **años de casados**. Aunque a veces **discuten**, ellos se adoran y tienen una buena relación. ____

   _____

2. _____

   _____

3. _____

   _____

4. _____

   _____

5. _____

   _____

6. _____

   _____

ESTRUCTURA

1.1 The present tense

1   **Conclusiones erróneas** Mariela tiene una mala costumbre: saca conclusiones con mucha rapidez, y por eso saca conclusiones erróneas. Completa las ideas y las conclusiones erróneas de Mariela.

1. Mi amiga no **está** casada y se **siente** sola.

   Yo no _____ casada y me _____ sola.

   Tú no _____ casado y te _____ solo.

   Conclusión: Todas las personas que no _____ casadas se _____ solas.

2. Tú te **mantienes** en contacto con tus amigos de la universidad.

   Mis amigos y yo nos _____ en contacto.

   Mi abuela y su mejor amiga de la infancia todavía se _____ en contacto.

   Conclusión: Todos los amigos se _____ en contacto.

3. Yo me **llevo** bien con mi hermano.

   Tú te _____ bien con tu hermano.

   Mis padres se _____ bien con sus hermanos.

   Conclusión: Todos los hermanos se _____ bien.

4. Yo siempre les **hago** caso a mis padres.

   Tú siempre les _____ caso a sus padres.

   Mi amigo Guillermo siempre les _____ caso a sus padres.

   Conclusión: Todos los hijos les _____ caso a sus padres.

2   **Excusas** Juan quiere salir con Marina, pero ella no está muy interesada. Completa la conversación entre ellos con la forma correcta de los verbos entre paréntesis.

JUAN ¿1) _____ (Querer) cenar conmigo esta noche?

MARINA No, gracias, esta noche 2) _____ (salir) con una amiga.

JUAN ¿Adónde 3) _____ (ir) a ir ustedes?

MARINA Yo no lo 4) _____ (saber) todavía.

JUAN ¿Cuándo 5) _____ (pensar) tú que lo vas a saber?

MARINA Nosotras 6) _____ (tener) que ir antes a una reunión, pero yo

7) _____ (creer) que vamos a ir a bailar.

JUAN De acuerdo, pero nosotros 8) _____ (poder) hacer planes para mañana.

MARINA Yo 9) _____ (tener) mucho trabajo y además 10) _____ (estar)

muy preocupada por mi amiga. Ella 11) _____ (estar) deprimida.

JUAN ¿Qué 12) _____ (poder) hacer yo para ayudarla?

MARINA Hmm... La verdad es que no 13) _____ (ver) cómo tú podrías ayudarla,

pero gracias.

Workbook

3

¡Pobre Éric! Éric está enojado. Le molestan algunas cosas que hacen su familia y sus amigos. Completa las oraciones con la forma correcta de los verbos entre paréntesis para explicar por qué Éric está enojado.

1. Éric está enojado con su amigo porque...

   (saber) _____

   (dormir) _____

2. Éric está enojado con sus amigos porque...

   (estar) _____

   (tener) _____

3. Éric está enojado con su vecino, don Pepe, porque...

   (decir) _____

   (hacer) _____

4. Éric está enojado con Johnny y Mariela porque...

   (discutir) _____

   (traer) _____

4

Primer contacto ¿Te acuerdas de Ana Villegas y Frank Petersen? (Ver lectura *Parejas sin fronteras*.) Ellos se conocieron en Internet jugando a las cartas y después comenzaron a intercambiar mensajes por correo electrónico. Completa sus primeros mensajes con los verbos de la lista.

creer	estudiar	preferir	salir	tomar
dirigir	pensar	querer	tener	trabajar

¡Hola, Ana! Como ya sabes, soy periodista y 1) _____ la sección de cultura de una revista. 2) _____ una perra que se llama Lola. No 3) _____ mucho porque siempre estoy trabajando. 4) _____ que eres una mujer muy interesante. Espero conocerte en persona pronto.

Hola, Frank, gracias por tu mensaje. Tengo 25 años, ¿y tú? 5) _____ economía en la UNAM; además, 6) _____ clases de estadística. También 7) _____ en un banco en la Ciudad de México. 8) _____ a los hombres inteligentes y seguros, y 9) _____ que eres así. Yo también 10) _____ conocerte en persona pronto.

5

La primera cita Finalmente, Frank decide visitar a Ana en México. Completa esta conversación que ocurre durante su primera cita en un restaurante. Usa la forma correcta de los verbos entre paréntesis.

1. **ANA** ¿ _____ ? (acordarse)

   FRANK Sí, yo estaba muy nervioso... Bueno, a ver el menú...

2. **FRANK** ¿ _____ ? (pedir)

   ANA Pollo; aquí lo cocinan al estilo italiano y es muy rico.

3. **FRANK** ¿ _____ ?(saber)

   ANA No, pero viene con una salsa con sabor a hierbas. ¡Es delicioso!

4. **FRANK** ¡Qué bueno! Y oye, ¿ _____ ? (hacer)

   ANA Normalmente, salgo con mis amigas a bailar.

1.2 *Ser* and *estar*

1 **¿Ser o estar?** Completa con la forma apropiada de **ser** y **estar**.

Johnny 1) _____ hablando por teléfono con su primo
Ernesto. Ernesto 2) _____ deprimido porque su novia
3) _____ muy lejos: ella 4) _____
en los EE.UU. Su situación 5) _____ complicada
porque Ernesto 6) _____ de México, y su novia
7) _____ estadounidense y vive en Miami.
Ellos 8) _____ muy enamorados, pero no
9) _____ felices. Ernesto 10) _____
pensando en ir a estudiar a Miami y le pregunta a su primo Johnny
si 11) _____ una buena idea. ¿Qué consejos le dará Johnny a su primo?

2 **¿Qué significa?** Selecciona la opción con el mismo significado que la oración original.

1. A Juan no le gusta mucho la clase de italiano.
   a. Juan es aburrido.   b. Juan está aburrido.

2. Juan se va de vacaciones con sus amigos. Ya tiene todo en orden. Quiere salir ahora.
   a. Juan es listo.   b. Juan está listo.

3. La profesora de Juan es muy desorganizada, siempre llega tarde y nunca comprende las preguntas
   de sus estudiantes.
   a. La profesora de Juan es mala.   b. La profesora de Juan está mala.

4. Estas naranjas no han madurado (*have not ripened*).
   a. Las naranjas están verdes.   b. Las naranjas son verdes.

5. Las chicas siempre suspiran (*sigh*) cuando ven a Juan.
   a. Juan es guapo.   b. Juan está guapo.

6. Juan es un chico muy activo; tiene planes para toda la semana, pero no para el sábado.
   a. Juan es libre el sábado.   b. Juan está libre el sábado.

3 **Primer día de trabajo** Completa el párrafo con la forma apropiada de **ser** y **estar**.

1) _____ las 7:00 de la mañana y Mariela todavía 2) _____ en la
cama. Hoy 3) _____ su primer día de trabajo y tiene que 4) _____ en
Facetas a las 8:00. Mira por la ventana y 5) _____ nublado. Se prepara rápidamente
y a las 7:30 ya 6) _____ lista. Mariela no sabe dónde 7) _____ la
Revista *Facetas*. Finalmente llega, y sus compañeros, que no 8) _____ trabajando,
la saludan. Ella piensa que todos 9) _____ simpáticos. Éric le dice que la reunión
con Aguayo 10) _____ en su oficina. Mariela 11) _____ un poco
nerviosa, pero 12) _____ contenta y cree que *Facetas* 13) _____ un
buen lugar para trabajar.

Lección 1 Workbook   **5**

4 **El consultorio** Lee la carta que un consejero sentimental le envía a Julia y completa las oraciones con la forma correcta de **ser** y **estar**.

Querida Julia:

Tu caso no 1) _____ único, 2) _____ muy frecuente. Hay personas que 3) _____ insensibles a los sentimientos de los demás y tu novio 4) _____ una de esas personas. Él dice que 5) _____ agobiado con los estudios y que 6) _____ deprimido. No sale contigo porque 7) _____ estudiando y cuando sale contigo siempre 8) _____ coqueteando con otras chicas. Sé que tú 9) _____ pasando por un momento difícil, pero tienes que darte cuenta de que tu novio no 10) _____ sincero contigo. Te aconsejo que rompas con él. Julia, tú 11) _____ una buena chica y pronto vas a 12) _____ lista para empezar una nueva relación.

5 **La carta de Julia** Imagina que tú eres Julia. Escribe la carta que ella le escribió al consejero sentimental. Usa **ser** y **estar** en cinco oraciones.

Estimado consejero sentimental:

Necesito su consejo porque tengo problemas con mi novio.

_____

_____

_____

_____

_____

Atentamente,

Julia

6 **Busco pareja** Imagina que estás buscando pareja y decides escribir un anuncio personal. Describe tu personalidad y tu estado de ánimo actual (*present*). Usa **ser** y **estar** y el vocabulario de la lección.

_____

_____

_____

_____

_____

_____

_____

_____

_____

1.3 Progressive forms

1 **¡Qué desconcierto!** Martín, el representante de un grupo musical, iba a reunirse con los músicos, pero solamente un miembro del grupo apareció en la reunión. Completa su conversación con el gerundio de los verbos entre paréntesis.

GUILLE ¿Qué anda 1) _____ (buscar), jefe?

MARTÍN Al grupo. Hace media hora que debían estar aquí.

GUILLE Están 2) _____ (descansar), jefe. Anoche

estuvimos 3) _____ (trabajar) hasta tarde.

MARTÍN ¡Me estoy 4) _____ (poner) nervioso!

Tenemos que ensayar el nuevo tema. ¿Qué están

5) _____ (hacer)?

GUILLE Juan está 6) _____ (dormir). Se acostó al mediodía.

MARTÍN ¡Ese muchacho sigue 7) _____ (ser) un irresponsable! No sé por qué lo sigo

8) _____ (soportar).

GUILLE No se enoje, jefe. Juan está 9) _____ (tocar) muy bien la guitarra estos días.

MARTÍN ¿Qué me dices de Karina?

GUILLE Hace media hora estaba 10) _____ (leer) una novela en la biblioteca.

MARTÍN ¿Y la cantante? ¿Dónde está 11) _____ (perder) el tiempo?

GUILLE Está 12) _____ (comer).

MARTÍN ¿Otra vez? ¡No podemos seguir a este ritmo!

2 **¿Qué están haciendo?** Elige cinco de las personas o grupos de personas de la lista, y para cada una escribe una oración completa con **estar** + [*gerundio*] para explicar lo que están haciendo ahora mismo.

mi jefe/a	mi novio/a
mi madre	mi profesor(a) de español
mi mejor amigo/a	mi vecino/a
nosotros	mi(s) compañero/a(s) de cuarto

1. _____

2. _____

3. _____

4. _____

5. _____

3 **Muchas preguntas** Completa esta conversación entre dos amigas. ¡Una de ellas es muy preguntona! Usa el presente progresivo de los verbos entre paréntesis.

SARA ¿A quién ___*estás llamando por teléfono*___ (llamar por teléfono)?

ANA A nadie. ¡Sólo tengo mi celular para llamarte a ti!

SARA ¿En qué 1) _____ (pensar)?

ANA En el fin de semana. Quiero ir a un concierto con unos amigos.

SARA ¿Qué 2) _____ (leer)?

ANA Una novela de Mario Benedetti.

SARA ¿Qué 3) _____ (beber)?

ANA Una soda.

SARA ¿Qué 4) _____ (escribir)?

ANA Sólo apuntes para el ensayo de literatura.

SARA ¿De qué te 5) _____ (reírse)?

ANA ¡Tus preguntas me hacen reír!

4 **Describir** Usa los verbos de la lista para describir lo que están haciendo estas personas.

cerrar	comprar	hacer gimnasia
comer	dormir	mostrar

1. ___Las niñas están durmiendo.___

2. Tomás _____

3. Nosotros _____

4. Marcela _____

5. Julieta _____

6. Mi hermana _____

Workbook

MANUAL DE GRAMÁTICA

1.4 Nouns and articles

1   **Cambiar** Escribe en plural las palabras que están en singular, y en singular las que están en plural.

1. los amigos belgas _____

2. el espacio común _____

3. la antigua ciudad _____

4. una estudiante inteligente _____

5. los profesores españoles _____

6. una pareja feliz _____

2   **Correo sentimental** La revista *Todo Corazón* tiene una sección de anuncios personales. Completa este anuncio con el artículo correspondiente. Si no es necesario usar un artículo, escribe X.

Tengo 23 años y soy estudiante. Soy 1) _____ chico tranquilo y trabajador. Me gusta

2) _____ naturaleza y no tengo 3) _____ problemas con mis vecinos.

Me gusta ir al cine y no me gusta 4) _____ fútbol. Tengo buen humor por

5) _____ mañanas y mejor humor por 6) _____ tardes. Vivo en

7) _____ apartamento en 8) _____ quinto piso de 9) _____

edificio muy moderno en Miami. Sólo tengo 10) _____ pequeño problema: mi perro.

Algunos dicen que tiene mal 11) _____ carácter. Yo creo que es 12) _____

buen animal, pero se siente solo, como su dueño.

3   **Exageraciones** Lee estas afirmaciones exageradas y responde siguiendo el modelo.

> **modelo**
> Éstos son dos de los mejores carros del planeta.
> *Éstos son unos de los mejores carros del planeta.*

1. Ésta es la mejor película de la historia.

   _____

2. Éste es el libro más interesante de todos los tiempos.

   _____

3. Ellas son las mejores cantantes del año.

   _____

4. Éste es el lápiz más largo del mundo.

   _____

5. Éste es el lunes más frío del año.

   _____

6. Ella es la mujer más bella de la ciudad.

   _____

Workbook

1.5 Adjectives

1 **Tu opinión** Completa cada oración con las dos cualidades que tú prefieras en cada caso. Usa la forma correcta de los adjetivos de la lista.

autoritario	feliz	organizado	simpático
bueno	falso	romántico	tradicional
cariñoso	gracioso	sensato	tranquilo
divertido	(in)maduro	sensible	vanidoso

1. Mis profesores son _____ y _____ .

2. Mi mejor amigo es _____ y _____ .

3. No me llevo bien con las personas que son _____ y _____ .

4. Mi pareja ideal es _____ y _____ .

5. Mis padres son _____ y _____ .

6. Mi cantante favorito es _____ y _____ .

7. Mis abuelos son _____ y _____ .

8. Mis vecinos ideales son _____ y _____ .

2 **¿Un gran ejercicio o un ejercicio grande?** Indica el significado apropiado de estas oraciones.

1. Carlos es un pobre hombre.

_____ a. Carlos es un hombre que gana poco dinero.

_____ b. Carlos es un hombre que da lástima.

2. Es un viejo amigo.

_____ a. Él y yo somos amigos desde hace muchos años.

_____ b. Él es mi amigo y tiene 95 años.

3. Se muda a su antiguo edificio.

_____ a. Se muda a un edificio viejo.

_____ b. Se muda al edificio donde vivía antes.

4. Es un país pobre.

_____ a. Es un país con una economía débil.

_____ b. Es un país que no es respetado por otros países.

5. Mi hija tiene un nuevo profesor.

_____ a. Mi hija tiene un profesor muy joven.

_____ b. Mi hija tiene un profesor que no trabajó antes en su escuela.

6. Tu madre es una gran persona.

_____ a. Tu madre es una persona gorda y alta.

_____ b. Tu madre es una persona muy buena.

LECTURA

1 **Antes de leer** ¿Cuáles son las ciudades más grandes de tu país? Ordénalas según el tamaño (*size*). ¿Tienen algo en común?

_____

_____

MÉXICO D.F., UNA MEGAMETRÓPOLI

La Ciudad de México (México D.F.) es una verdadera megametrópoli. Hoy en día, es considerada la ciudad más grande de toda América Latina y una de las más grandes del mundo. Según algunas estadísticas, es la segunda ciudad más populosa después de Tokio. México D.F. atrae a miles de inmigrantes y turistas por ser el centro cultural, político y económico del país.

El estadio Azteca en México D.F.

México D.F. fue construida sobre la antigua Tenochtitlán, capital del imperio azteca, la cual fue fundada en 1325 sobre una isla. En 1521, los conquistadores españoles, al mando de Hernán Cortés, destruyeron esa majestuosa ciudad y fundaron lo que hoy es la moderna capital del país.

En el centro de la ciudad está la llamada Plaza de la Constitución, conocida popularmente como El Zócalo. Durante el período azteca, El Zócalo era el corazón de la ciudad, y hoy día aún sigue siéndolo. Alrededor de El Zócalo, se encuentran la Catedral Metropolitana y el Palacio Nacional, actual sede del gobierno mexicano. Es aquí donde tienen lugar las mayores celebraciones nacionales y los desfiles militares importantes. El centro histórico de la ciudad, ubicado en los alrededores de El Zócalo, es un microcosmo de arte, monumentos, tiendas y magníficos restaurantes, bares y cantinas. Los aficionados al fútbol se congregan (*gather*) en el estadio Azteca. Éste es el único estadio donde se jugaron dos finales de la Copa Mundial de fútbol: en 1970 y en 1986.

2 **Después de leer** Contesta estas preguntas con oraciones completas.

1. ¿Por qué se dice que México D.F. es una megametrópoli?

_____

2. ¿Por qué México D.F. atrae a tantos inmigrantes y turistas?

_____

3. ¿Sobre qué antigua ciudad fue construida la Ciudad de México?

_____

4. ¿Qué lugar es considerado el corazón de la Ciudad de México?

_____

5. ¿Cuál es la sede del gobierno mexicano en la actualidad?

_____

6. ¿Qué se puede ver en el centro histórico de México D.F.?

_____

COMPOSICIÓN

PREPARACIÓN

Imagina que tienes un(a) nuevo/a amigo/a que vive en la Ciudad de México. Describe tu personalidad y la personalidad de tu amigo/a.

Mi personalidad	La personalidad de mi amigo/a
_____	_____
_____	_____
_____	_____

Ahora, busca información en la lectura anterior, *México D.F., una megametrópoli*, en los apuntes culturales del libro de texto y en sitios web en Internet. Luego, escribe una lista de los lugares (*places*) que a ti y a tu amigo/a les gustaría visitar según la personalidad de cada uno.

Lugares que quiero visitar yo

Lugares que quiere visitar mi amigo/a

_____   _____

_____   _____

_____   _____

_____   _____

COMPOSICIÓN

Vas a viajar a México D.F. en una semana para visitar a tu amigo/a. Usa la información de la actividad anterior para escribir un programa de actividades con los lugares que van a visitar y las actividades que van a hacer allí durante una semana.

El lunes mi amigo/a y yo vamos a buscar un hotel cerca de El Zócalo y vamos a descansar. Mi amigo/a es

_____ y él/ella prefiere _____
       (adjetivo)

_____

_____

_____

_____

_____

_____

_____

_____

_____

CONTEXTOS

1 **Palabras relacionadas** Indica la palabra que no pertenece al grupo.

1. celebrar   brindar   festejar   aburrirse

2. equipo   torneo   discoteca   entrenador

3. cantante   árbitro   concierto   grupo musical

4. estreno   escenario   taquilla   boliche

2 **Mis pasatiempos favoritos** Empareja las palabras de las dos columnas. Después escribe oraciones lógicas sobre tus pasatiempos favoritos usando al menos seis palabras de la lista.

_____ 1. cine	a. obra de teatro
_____ 2. ajedrez	b. empate
_____ 3. goles	c. juego de mesa
_____ 4. escenario	d. entrenador
_____ 5. equipo	e. álbum
_____ 6. conjunto musical	f. película

1. _____

2. _____

3. _____

4. _____

5. _____

6. _____

3 **La entrega de premios** Fabiola y Mariela van a la ceremonia de entrega de los Premios Ariel. Completa la conversación con las palabras de la lista.

actores	asiento	conseguir	entradas	hacer cola
aplaudir	boletos	divertir	escenario	taquilla

Mariela Mira cuánta gente hay en la 1) _____ .

Fabiola ¡Qué suerte! Nosotras no tenemos que 2) _____ . Ya tenemos las 3) _____ .

Mariela Fabiola, estamos muy cerca del 4) _____ . ¿Cuál es tu 5) _____ ?

Fabiola Yo tengo el catorce.

Mariela Vamos a ver a todos los 6) _____ . ¡Nos vamos a 7) _____ !

Fabiola ¡Ay, sí! Me van a doler las manos de tanto 8) _____ .

Mariela Gracias por 9) _____ los 10) _____ .

Workbook

4 **¿Qué hacemos?** Escribe sugerencias sobre qué se puede hacer para divertirse en cada una de estas situaciones.

> **modelo**
>
> Es el mediodía. Juan terminó el examen y tiene la tarde libre.
> *Juan puede divertirse y disfrutar de la tarde sin estudiar.*

1. Es viernes por la noche, tú y tus amigos no tienen mucha energía. _____

   _____

2. Es sábado por la mañana y es un día de sol. Marcos se pasó la semana estudiando. _____

   _____

3. Es sábado por la noche. ¡No tengo planes! _____

   _____

4. Es domingo por la tarde y llueve muchísimo. Mara y Laura querían salir a comer. _____

   _____

5 **Fin de semana de lluvia**

Parte A Haz una lista de tus actividades favoritas para el fin de semana en orden de preferencia.

1. _____   4. _____   7. _____
2. _____   5. _____   8. _____
3. _____   6. _____   9. _____

Parte B El pronóstico para el fin de semana dice que va a llover. ¿Puedes hacer todas las actividades de la Parte A? ¿Por qué? Escribe un párrafo sobre lo que haces y no haces un fin de semana de lluvia.

En un fin de semana lluvioso, yo _____

_____

_____

_____

_____

_____

_____

_____

_____

_____

_____

_____

_____

_____

ESTRUCTURA

2.1 Object pronouns

1 ¿Para qué sirve? Escribe al menos tres cosas que haces con esto. Usa pronombres de complemento directo.

1. una película: *la alquilo, la veo, la compro, la disfruto…* _____
2. un videojuego: _____
3. una entrada: _____
4. los discos compactos: _____
5. el partido de fútbol: _____

2 ¿A qué se refieren? Lee los textos escritos por periodistas e indica a qué o a quién se refiere cada pronombre subrayado.

> **GOL** Durante el primer tiempo, el partido fue muy aburrido. Pero en el segundo tiempo, el San Martín <u>lo</u> animó y <u>le</u> ganó al Santiago 3 a 1. Dos fanáticos comentaron:
> (1)   (2)
> "No <u>nos</u> llamó la atención. El San Martín siempre <u>nos</u> da el premio de la victoria."
> (3)   (4)

1. _____ 3. _____
2. _____ 4. _____

> **TELEVISIÓN** La cadena GBJ va a retransmitir esta noche el controvertido video musical del grupo Niquis. El director de la cadena, Alberto Anaya, <u>nos</u> envió un fax a los
> (5)
> periodistas para informar<u>nos</u> de su decisión. El video muestra al cantante del grupo
> (6)
> protestando contra la guerra. La Asociación de Televidentes acepta que <u>lo</u> muestren con
> (7)
> una condición: que el Señor Anaya no <u>lo</u> transmita en horario infantil.
> (8)

5. _____ 7. _____
6. _____ 8. _____

3 En la radio Un locutor de radio está entrevistando a un director de cine. Completa la entrevista con los pronombres adecuados.

LOCUTOR Es un gusto para 1) _____ tenerte otra vez en mi programa. Se te ve muy contento.

DIRECTOR Sí, 2) _____ estoy. Este premio es muy importante para 3) _____.

LOCUTOR ¿A quién 4) _____ dedicas el premio?

DIRECTOR A mi esposa, claro. Ella 5) _____ apoya siempre. 6) _____ ayuda en los momentos malos y 7) _____ acompaña siempre en mis viajes.

LOCUTOR ¿Cuáles son tus proyectos ahora?

DIRECTOR Siempre 8) _____ gusta tomarme un recreo después de cada película. A mi esposa y a 9) _____ siempre 10) _____ gusta tomarnos unas vacaciones.

4 **Consejos** Una actriz sin mucha experiencia recibe consejos de su agente. El agente repite todos los consejos para que la actriz no se olvide. Completa las oraciones reemplazando las palabras subrayadas con los pronombres adecuados.

1. Saluda <u>a los espectadores</u>.
   Recuerda: _____

2. No puedes olvidar <u>las cámaras</u>.
   Recuerda: _____

3. No muevas tanto <u>la boca</u> al hablar.
   Recuerda: _____

4. Evita los <u>gestos exagerados con la cara y las manos</u>.
   Recuerda: _____

5. Deja <u>las escenas de riesgo</u> para tu doble.
   Recuerda: _____

6. Debes escuchar <u>al director.</u>
   Recuerda: _____

7. Estudia bien <u>el guión de tu personaje</u>.
   Recuerda: _____

8. Debes tratar <u>a los otros actores</u> con amabilidad.
   Recuerda: _____

5 **Entrevista** Completa la entrevista que un periodista le hace a un actor famoso. El actor contradice todo lo que dice el periodista. Usa los pronombres adecuados en las respuestas del actor.

modelo

PERIODISTA Mi colega dijo que el público odia su nueva película.
ACTOR *No, no la odia.*

1. **PERIODISTA** Un colega periodista los vio a usted y a su amiga Laura Luna cenando en un restaurante. ¿Es verdad? ¿Los vio?
   ACTOR _____

2. **PERIODISTA** También me contó que te pidió un autógrafo.
   ACTOR _____

3. **PERIODISTA** Él me dijo que… no pagaste la cena de tu amiga.
   ACTOR _____

4. **PERIODISTA** Y también me dijo que no les diste propina (*tip*) a los camareros.
   ACTOR _____

5. **PERIODISTA** Él me dijo que le diste un beso a tu amiga.
   ACTOR _____

6 **Conciertos** Imagina que eres el/la nuevo/a secretario/a de cultura de tu ciudad. Contesta las preguntas de un periodista sobre eventos musicales en tu ciudad. Usa pronombres de complemento directo. Palabras útiles: **la taquilla, el público, el representante artístico, el organizador de la feria.**

1. ¿Quién elige a los grupos musicales? _____

2. ¿Quién contrata a los artistas? _____

3. ¿Quién negocia el contrato de los músicos? _____

4. ¿Dónde puedo comprar las entradas para un concierto? _____

2.2 *Gustar* and similar verbs

1 **¡Opiniones diferentes!** Éric y Diana están en un concierto, pero cada uno de ellos tiene opiniones muy diferentes sobre la banda. Completa su conversación con la forma correcta de los verbos de la lista y los pronombres adecuados. En algunos casos, más de una respuesta es posible. No repitas los verbos.

aburrir	doler	fascinar	interesar
disgustar	encantar	gustar	molestar

ÉRIC ¡Cómo me estoy divirtiendo! 1) _____ este grupo musical.

DIANA Pues a mí 2) _____ y 3) _____ la música tan alta (*loud*), además 4) _____ la cabeza.

ÉRIC A ti siempre 5) _____ todo lo que a mí 6) _____.

DIANA La próxima vez vamos a ver una película; yo sé que 7) _____ el cine. Podemos invitar a Johnny.

ÉRIC Sí, a Johnny y a mí 8) _____ todas las películas, especialmente los grandes estrenos.

2 **De turismo** Un periodista de la revista *Facetas* entrevista a un grupo de turistas que están visitando la Ciudad de México. Escribe las preguntas del periodista.

1. (aburrir / la ciudad / a ti) ¿_____?
2. (gustar / los edificios / a ti) ¿_____?
3. (caer bien / la gente / a ustedes) ¿_____?
4. (preocupar / la calidad de los restaurantes / a usted) ¿_____?
5. (interesar / el arte / a ustedes) ¿_____?
6. (faltar / lugares de entretenimiento / a la ciudad) ¿_____?

3 **Las respuestas de los turistas** Completa las respuestas de algunos turistas a las preguntas de la actividad anterior.

1. Raúl: "¡No! ¡Al contrario! Es grande, bella y divertida. No __me aburre__ ni un poquito".
2. Eugenia: "Son hermosos. El estilo modernista _____ especialmente".
3. Esteban y Mariela: "_____ muy bien. Nos tratan maravillosamente en todos lados. La gente aquí es muy cálida".
4. Pepe: "Sí, _____ un poco, porque quiero comer bien. Aunque hasta ahora, son excelentes".
5. Mariano y Lisa: "Sí, _____ mucho. Vamos a visitar todos los museos de la ciudad".
6. Roberto: "Es lo que menos _____ a la ciudad. Hay muchos lugares divertidos".

Workbook

4 **Preferencias** Escribe oraciones lógicas usando en cada una un elemento de cada columna.

mis amigos	fascinar	jugar al fútbol
yo	molestar	hacer cola
tu entrenador	aburrir	ganar partidos
los espectadores	gustar	los conciertos
los jugadores	encantar	vender discos
el cantante	importar	el ajedrez
los músicos	disgustar	los pasatiempos
el árbitro	preocupar	perder
el equipo	interesar	ganar
los deportistas	faltar	los espectáculos

1. A mis amigos les molesta hacer cola. _____

2. _____

3. _____

4. _____

5. _____

6. _____

7. _____

8. _____

9. _____

10. _____

5 **Tus gustos** ¿Qué pasatiempos y actividades te gustan? ¿Por qué? Escribe un párrafo de por lo menos seis oraciones expresando tu opinión. Usa **gustar** y otros verbos similares y el vocabulario de la lección.

_____

_____

_____

_____

_____

_____

_____

_____

_____

_____

2.3 Reflexive verbs

1 **La rutina de Mariela** Ordena las oraciones de una manera lógica.

_____ a. **Después del desayuno, se lava** los dientes y **se peina.**

_____ b. Sin embargo, nunca **se levanta** hasta las 7:30.

_____ c. **Por último, se pone** la chaqueta y sale para la oficina.

_____ d. Después de **ducharse, se viste.**

_____ e. Mariela **se despierta** a las 7:00 de la mañana cuando suena su despertador.

_____ f. Después de **vestirse,** desayuna.

_____ g. Lo primero que hace después de **levantarse** es **ducharse.**

_____ h. Mariela **se maquilla** después de **peinarse.**

2 **¿Voy o me voy?** Completa las oraciones con la forma adecuada del verbo que está entre paréntesis.

1. Ana y Juan ____acuerdan____ (acordar) no pelear más.

2. Ana y Juan ____se acuerdan____ (acordar) de su primera cita.

3. Carmen _____ (ir) temprano de la fiesta.

4. Carmen _____ (ir) a la fiesta muy mal vestida.

5. Martín y Silvia _____ (llevar) muy bien.

6. Martín y Silvia _____ (llevar) a los niños a un picnic.

7. Sebastián _____ (poner) la camisa sobre la cama.

8. Sebastián _____ (poner) la camisa roja.

9. Manuel _____ (reunir) el material que necesita para terminar el proyecto.

10. Manuel _____ (reunir) con sus amigos para terminar el proyecto.

3 **Un día importante** Valentina se casa mañana con Juan y necesita prepararse para la ceremonia. Valentina repasa los preparativos con sus damas de honor (*bridesmaids*). Completa sus planes con los verbos de la lista. Usa el presente o el infinitivo según corresponda.

ducharse	levantarse	ponerse	relajarse
enterarse	maquillarse	preocuparse	vestirse

¡A ver, chicas! Éstos son los planes para mañana. Presten atención porque no quiero 1) _____ mañana. Quiero estar preparada tres horas antes de la ceremonia. Éste es el plan: Todas 2) _____ temprano, a las siete de la mañana. Yo necesito unos veinte minutos para 3) _____. Luego, 4) _____ un rato mientras espero a la peluquera (*hairdresser*). Después, 5) _____; el vestido es tan bonito... ¡Qué nervios! Luego 6) _____ yo sola porque no me gusta que nadie me toque la cara. Seguramente Juan también va a 7) _____ muy nervioso, como yo. Pero seguro que los invitados no van a 8) _____ de lo nerviosos que estamos.

Workbook

4 **¿Una pelea?** Faltan pocos días para la boda de Valentina y Juan. Los dos están nerviosos y empiezan a discutir. Completa su conversación con el presente de los verbos de la lista.

aburrirse	arrepentirse	despedirse	olvidarse	preocuparse	sorprenderse
acordarse	atreverse	irse	parecerse	quejarse	verse

VALENTINA ¿No 1) _____ de estar mirando televisión todo el día? ¿Qué tal si salimos a elegir los muebles para la sala? ¡Recuerda que mis padres nos quieren regalar muebles nuevos!

JUAN No tengo ganas. Ahora que tengo unos días libres, quiero relajarme un poco. Tú 2) _____ demasiado por todo. Ya habrá tiempo para los muebles después de nuestra luna de miel (*honeymoon*).

VALENTINA ¿Pero no 3) _____ del sofá que vimos la semana pasada? Creo que es perfecto y además no es caro. Y así nosotros 4) _____ un poco de los preparativos para la boda y los nervios y...

JUAN Estoy bien aquí.

VALENTINA Sabes, 5) _____ a tu padre cuando está mirando partidos de fútbol en televisión. No hay quien te mueva. ¡Eres imposible!

JUAN ¡Así que ahora 6) _____ de que soy como mi padre porque por una vez quiero estar tranquilo!

VALENTINA ¡Ah, y encima 7) _____ a sugerir que soy yo quien está creando un problema!

JUAN Mira, Valentina. No 8) _____ de querer pasar una tarde sin hacer nada en particular. Me parece que mejor 9) _____ a mi casa para no seguir discutiendo, y a las siete (nosotros) 10) _____ en casa de mi hermano para cenar, ¿de acuerdo?

VALENTINA ¡Ah, pensé que ibas a preferir mirar televisión en lugar de cenar con tu hermano!

5 **Corre la voz** Valentina, muy disgustada, te cuenta lo que pasó con Juan. Y tú se lo cuentas a un(a) amigo/a. Escribe un mensaje electrónico explicándole todo a tu amigo/a. Cuenta la historia en el presente.

Acabo de hablar con Valentina. La pobre está muy enojada con Juan. Le pregunta a Juan si se aburre viendo la tele y él le dice _____

_____

_____

_____

_____

_____

MANUAL DE GRAMÁTICA

2.4 Demonstrative adjectives and pronouns

1   **Completar** Completa la conversación entre Fabiola y Aguayo con las palabras de la lista.

esa	esto	ésta	eso	esos	ésta	esto

FABIOLA   ¿Qué es 1) _____ que tienes en la mano?

AGUAYO   2) _____ es una entrada para ver a tu grupo de rock favorito.

FABIOLA   3) _____ entrada no puede ser para el concierto de Maná.

4) _____ boletos ya están vendidos (*sold out*) hace meses.

AGUAYO   Quizá no te lo creas, pero 5) _____ es tu entrada y

6) _____ es la mía.

FABIOLA   ¡7) _____ es lo mejor que me ha pasado en la vida, gracias!

2   **Oraciones** Escribe oraciones lógicas usando estos elementos.

1. aquélla/discoteca: *Aquélla es la discoteca donde va a tocar el grupo musical.*

2. este/disco compacto: _____

3. éste/cantante: _____

4. ese/grupo musical: _____

5. aquel/festival: _____

6. estas/espectadoras: _____

7. aquellas/entradas: _____

8. esas/taquillas: _____

3   **Concierto** Aguayo tiene una entrada extra para el concierto de Maná y decide invitar a uno de sus empleados. Escribe una conversación entre ellos usando al menos tres oraciones de la **actividad 2.**

_____

_____

_____

_____

_____

_____

_____

_____

Workbook

2.5 Possessive adjectives and pronouns

1 **¿De quién es?** Contesta las preguntas usando el pronombre posesivo que corresponde a la(s) persona(s) indicada(s).

1. ¿De quién es este ajedrez? (Éric) _Este ajedrez es suyo._ _____

2. ¿De quién es este billar? (Mariela y Fabiola) _____

3. ¿De quién es este disco compacto? (yo) _____

4. ¿De quién son estas cartas? (tú) _____

5. ¿De quién es este televisor? (Johnny) _____

6. ¿De quién son estos videojuegos? (nosotros) _____

2 **El mío es mejor** Guillermo y Emilio son dos amigos muy competitivos. Completa su conversación con los posesivos de la lista.

el mío	mi	mis
el nuestro	mi	nuestro
el tuyo	mi	los míos

GUILLERMO   1) _____ equipo de fútbol es muy bueno.

EMILIO   2) _____ es mejor que 3) _____.

GUILLERMO   4) _____ jugadores siempre marcan goles.

EMILIO   5) _____ también y entretienen a los espectadores.

GUILLERMO   El entrenador de 6) _____ equipo es muy profesional.

EMILIO   Mi hermano y yo creemos que 7) _____ club deportivo es más popular.

GUILLERMO   No es verdad. 8) _____ club deportivo tiene más miembros.

EMILIO   Es mentira. 9) _____ siempre está presente en todos los torneos.

3 **Completar** Completa el párrafo con los posesivos apropiados.

Me llamo Andrés y vivo en el circo. 1) _____ (mi, tu, su) familia y yo practicamos

2) _____ (vuestro, mis, nuestro) espectáculo antes de cada función.

3) _____ (nuestra, nuestro, nuestros) espectadores siempre hacen largas colas

en la taquilla para comprar 4) _____ (su, sus, vuestros) boletos. Si no sabes

qué hacer con 5) _____ (mi, tu, su) tiempo libre, debes venir a 6) _____

(nuestro, vuestro, su) circo.

LECTURA

1 **Antes de leer** ¿Qué tipo de música te gusta escuchar?

_____

_____

_____

La música latina

En los últimos años, la música latina se ha convertido en un verdadero fenómeno de masas. Son muchos los artistas hispanos que han conseguido un extraordinario éxito en el mercado internacional: Shakira, Alejandra Guzmán, Enrique Iglesias, Ricky Martin y el grupo La Ley, entre otros.

¿Por qué la música latina le gusta tanto al público estadounidense? Lo que está claro es que lo latino está de moda. ¿Quieres saber algo más sobre algunos de estos artistas?

El célebre guitarrista mexicano Carlos Santana triunfó en el festival de Woodstock de 1969 con su estilo original, una fusión de rock y ritmos afrocubanos. Ha obtenido numerosos premios y, en 1998, recibió su estrella en el Camino de la Fama en Hollywood. Su álbum *Supernatural* recibió ocho premios Grammy en el año 2000.

La joven colombiana Shakira saltó a la fama mundial con el disco *Pies descalzos*. A los 14 años grabó su primer álbum. En 1998 recibió el premio a la mejor artista latina. Su inconfundible voz, su estilo fresco y su vitalidad la han convertido en una estrella internacional.

El grupo mexicano Maná está considerado como la mejor banda de rock latino. Su álbum *Falta Amor* recibió diez discos de oro, cinco de platino, dos de doble platino y uno de triple platino en 1990. Preocupado por los problemas del planeta, este grupo fundó la organización ecológica Selva Negra.

2 **Después de leer**

A ¿Cierto o falso? Indica si las siguientes oraciones son **ciertas** o **falsas** y corrige las falsas.

Cierto	Falso	
❑	❑	1. La música latina tiene éxito en los EE.UU. porque lo latino está de moda.
❑	❑	2. Carlos Santana es de Colombia.
❑	❑	3. El álbum *Supernatural* de Santana consiguió diez premios Grammy.
❑	❑	4. Shakira recibió el premio a la mejor artista latina en 1998.
❑	❑	5. Maná recibió numerosos premios con su disco *Selva Negra*.

B Responder Contesta estas preguntas con oraciones completas.

1. ¿Dónde triunfó Santana por primera vez en los EE.UU.?

_____

2. ¿Qué características han convertido a Shakira en una artista internacional?

_____

3. ¿Qué le preocupa al grupo Maná, además de su carrera musical?

_____

COMPOSICIÓN

El próximo fin de semana se va a celebrar en tu comunidad el *Festival Cultural Mexicano*. Imagina que tú tienes que escribir un artículo en el periódico para anunciar el festival.

PREPARACIÓN

Escribe una lista de seis artistas latinos —actores, directores de cine, cantantes, etc.— que van a estar presentes en el festival. Luego piensa en los eventos y actividades culturales en los que cada uno de ellos va a participar y/o presentar. Puedes buscar información en la lectura *La música latina* y en tu libro de texto.

Los artistas	Los eventos y las actividades

COMPOSICIÓN

Escribe un artículo anunciando el *Festival Cultural Mexicano*.

- Describe el evento nombrando las celebridades (*celebrities*) que asistirán, y concéntrate (*focus*) en uno o dos artistas como en la lectura *La música latina*.

- Incluye una cita (*quote*) de los artistas elegidos o una minientrevista para que tu artículo sea más interesante. ¡Sé creativo/a!

- Termina tu artículo dando información sobre la hora y el lugar, y dónde se consiguen las entradas. También incluye un número de teléfono y un sitio de Internet.

_____

_____

_____

_____

_____

_____

_____

_____

_____

_____

_____

CONTEXTOS

Lección 3
La vida diaria

1 Costumbres del mundo hispano Elige la opción apropiada para completar cada oración.

1. Muchos dicen que llegar tarde es una costumbre del mundo hispano. A los millones de hispanos que llegan _____ a eventos y reuniones les molesta este estereotipo.

   a. a tiempo   b. a veces   c. a menudo

2. En Argentina, es costumbre cambiarse antes de salir con amigos, o ir a la iglesia, un restaurante o cualquier evento social. Las mujeres son muy coquetas y _____ se las ve desarregladas.

   a. de repente   b. casi nunca   c. a propósito

3. En España, es muy común que los amigos se visiten sin avisar (*without notice*). Al llegar a la casa, la persona solamente debe _____ _____.

   a. quitar la puerta   b. tocar la bocina   c. tocar el timbre

4. En el Perú, la mayoría de las compras se hacen con _____ o tarjeta de crédito. En muy pocos casos se hacen compras a través de Internet.

   a. débito   b. dinero en efectivo   c. reembolso

5. En países como España, a veces es difícil _____ a la hora del almuerzo porque muchas tiendas y oficinas cierran tres o cuatro horas.

   a. tocar el timbre   b. hablar por teléfono c. hacer mandados

6. En Nicaragua, los vendedores ambulantes _____ por las calles anunciando la venta de pan, leche y frutas.

   a. lavan   b. pasan   c. calientan

2 Palabras relacionadas Empareja las palabras de la primera columna con las palabras relacionadas de la segunda columna. Luego escribe cuatro oraciones usando al menos seis palabras de la lista.

_____ 1. quitar el polvo	a. tarjeta de crédito
_____ 2. ir de compras	b. centro comercial
_____ 3. probarse	c. barato
_____ 4. ganga	d. probador
_____ 5. devolver	e. muebles
_____ 6. dinero en efectivo	f. reembolso

1. _____

2. _____

3. _____

4. _____

3 Tu vida diaria Contesta las preguntas con oraciones completas.

1. ¿Vas de compras al centro comercial? ¿O prefieres ir a tiendas locales más pequeñas? ¿Por qué?

   _____

2. ¿Quién hace los quehaceres en tu casa? ¿Tú ayudas? ¿Con qué frecuencia?

   _____

3. Menciona tres cosas que haces por la mañana y tres cosas que haces por la tarde.

   _____

Workbook

4 **De compras**

A. Diana salió de compras con su hija mayor. Ordena las oraciones de una manera lógica.

_____ a. Diana decidió comprarle el vestido más bonito, que era también el más caro.

_____ b. Al salir del trabajo, recogió a su hija en la escuela y se fue con ella al centro comercial.

_____ c. Hoy Diana se levantó muy temprano.

_____ d. Cuando llegaron al centro comercial, Diana y su hija se fueron directo a la sección de vestidos.

_____ e. Finalmente, Diana y su hija se fueron del centro comercial contentas de haber encontrado el vestido perfecto para la fiesta.

_____ f. Llegó al trabajo una hora y media antes de lo habitual.

_____ g. Su hija se probó allí varios vestidos para la fiesta de fin de año de la escuela.

_____ h. Diana pagó con tarjeta de crédito en tres cuotas.

B. Imagina que eres la hija de Diana. Escribe en tu diario cómo es habitualmente la experiencia de ir de compras con tu mamá.

a menudo	casi nunca	en el acto
a veces	de vez en cuando	por casualidad

Cuando voy de compras con mi mamá, casi nunca… _____

_____

_____

_____

_____

_____

5 **¿Qué prefieres?** Enumera las actividades por orden de preferencia. Después, escribe lo que vas a hacer este fin de semana usando por lo menos cinco palabras o frases de la lista.

_____ ir de compras al centro comercial	_____ hacer mandados
_____ mirar televisión	_____ arreglarse para salir
_____ barrer	_____ jugar videojuegos
_____ cocinar	_____ quitar el polvo

_____

_____

_____

_____

_____

_____

_____

ESTRUCTURA

3.1 The preterite

1 **¿Qué hicieron el fin de semana?** Juan, Marcos y Lucía son compañeros de trabajo. Los lunes por la mañana, se cuentan lo que hicieron el fin de semana. Escribe lo que dijo cada uno.

Juan...

1. traducir / artículo _____

2. leer / periódico _____

3. ir / supermercado _____

Marcos...

4. hacer / mandados _____

5. dormir / siesta _____

6. lavar / ropa _____

Lucía...

7. escuchar / radio _____

8. ir / centro comercial _____

9. hacer / quehaceres _____

2 **Una fiesta en *Facetas*** Mariela está organizando una fiesta, y Diana y Fabiola la están ayudando. Mariela llega a la oficina y les pregunta si han hecho los mandados. Completa sus preguntas usando la forma correcta del pretérito de los verbos entre paréntesis.

1. ¿ _____ (subir) ustedes las bebidas?

2. Diana, ¿y tú?, ¿ _____ (poner) la comida en el refrigerador?

3. Y tú, Fabiola, ¿ _____ (tener) tiempo para buscar los discos compactos?

4. Diana y Fabiola, ¿les _____ (dar) la dirección a los invitados?

5. Diana, ¿ _____ (hacer) las compras en el supermercado?

6. Ustedes, ¿ _____ (empezar) a limpiar la oficina?

3 **Ser o ir** Indica qué verbo se utiliza en cada oración.

	ser	ir
1. Ayer hizo mucho calor. <u>Fui</u> a la piscina para refrescarme y tomar sol.	❑	❑
2. La semana pasada me visitó Mario. Él <u>fue</u> mi primer novio.	❑	❑
3. El año pasado <u>fue</u> muy difícil para mí. Tuve que trabajar y estudiar al mismo tiempo.	❑	❑
4. Esta semana <u>fui</u> dos veces a visitar a mis abuelos en Sevilla, en el sur de España.	❑	❑
5. El cumpleaños de Hernán <u>fue</u> muy aburrido. Para empezar, había pocos invitados, y, justo cuando queríamos bailar, ¡el reproductor de MP3 se rompió!	❑	❑

4

¿Qué pasó? Diana no pudo ir a la fiesta de Mariela. Completa la conversación telefónica con la forma correcta del pretérito de los verbos de la lista.

decir	llamar	perder	preguntar	tener
hacer	olvidar	poder	ser	venir

MARIELA Ayer tú no 1) _____ a la fiesta. Todos los invitados
2) _____ por ti.

DIANA Uy, lo siento, pero mi día 3) _____ terrible. Yo
4) _____ mi cartera con el documento de identidad y las tarjetas de crédito. Y Javier y yo 5) _____ que ir a la comisaría (*police department*).

MARIELA ¿De verdad? Lo siento. ¿Por qué ustedes no me 6) _____ por teléfono?

DIANA Nosotros no 7) _____ llamar a nadie. Yo 8) _____ mi teléfono celular en la casa.

MARIELA ¿Y qué te 9) _____ la policía?

DIANA Nada. Ellos me 10) _____ esperar horas allí y al final me dijeron que tenía que volver al día siguiente...

5

Cuéntalo Imagina que eres Mariela. Escríbele una carta a una amiga contándole por qué Diana no pudo ir a tu fiesta. Usa el pretérito.

La fiesta fue muy divertida, pero Diana no pudo venir...

_____

_____

_____

_____

_____

6

Historias Piensa en alguna historia similar a la de Diana y describe qué pasó, a quién le pasó, cuándo ocurrió, etc. Utiliza el pretérito. Escribe por lo menos cinco oraciones.

_____

_____

_____

_____

_____

_____

3.2 The imperfect

1 **Tomás de vacaciones** Tomás llegó hace poco a Madrid de vacaciones y fue a un centro comercial. Luego llamó a su familia por teléfono para contarle todo lo que vio. Completa las oraciones con la forma correcta del imperfecto de los verbos entre paréntesis.

Fui al Corte Inglés, un centro comercial que 1) _____ (quedar) un poco lejos de mi hotel. 2) _____ (haber) mucho tráfico y yo no 3) _____ (querer) tomar un taxi. Fui a la parada, pero el autobús no 4) _____ (venir), así que fui dando un paseo por La Castellana. Al llegar, vi a muchas personas que 5) _____ (estar) comprando ropa. 6) _____ (haber) muchísimos negocios. Todo el mundo me 7) _____ (saludar) muy amablemente. 8) Yo no _____ (pensar) comprar nada, pero al final compré unos cuantos regalos. 9) _____ (haber) restaurantes de todo tipo. Los camareros (*waiters*) 10) _____ (ser) muy amables. Al final, fui a comer a un restaurante de tapas buenísimo.

2 **Diferencias culturales** Dos semanas después de su llegada a España, Tomás llamó nuevamente a su familia. Completa las oraciones según el modelo.

> **modelo**
> Yo pensaba que *en España hacía siempre calor,* pero hay días en que hace frío.

1. Yo creía que _____, pero muchos españoles hablan inglés.

2. Yo pensaba que _____, pero todavía hay oficinas y tiendas que cierran tres horas para el almuerzo y la siesta.

3. Antes creía que _____, pero, en verdad, en algunas regiones también se hablan otros idiomas.

4. Antes pensaba que _____, pero ahora adoro la comida española.

5. Creía que _____, pero es más grande que mi ciudad.

3 **Recuerdos** Margarita habla de su vida. Completa las oraciones con la forma correcta del imperfecto de los verbos entre paréntesis.

Cuando era niña 1) _____ (vivir) con mis padres y mis hermanos. Yo soy la mayor. Mi madre empezó a trabajar cuando yo 2) _____ (tener) doce años, así que yo 3) _____ (cuidar) a mis hermanos menores. Todas las mañanas, los 4) _____ (despertar) y les 5) _____ (hacer) el desayuno. Después, mis hermanos y yo 6) _____ (ir) a la escuela. Cuando nosotros 7) _____ (volver) de la escuela, yo 8) _____ (hacer) la tarea.

Yo 9) _____ (saber) que no 10) _____ (poder) ir a la escuela que yo 11) _____ (querer) porque estaba muy lejos y el autobús no pasaba por mi casa. Así que fui a la que 12) _____ (estar) cerca de casa y allí conocí a quienes hoy son mis mejores amigos.

4

De niños Muchas personas terminan eligiendo profesiones que están relacionadas con talentos y preferencias que tenían cuando eran niños. Usa los verbos entre paréntesis para completar las oraciones contando lo que hacían estas personas cuando eran pequeñas. Sigue el modelo.

> **modelo**
> Héctor es arquitecto. De niño (construir) *construía casas de barro* (mud)
> *en el patio de su casa.*

1. Marcela es maestra. De niña (enseñar) _____.

2. Gustavo es filósofo. De niño (preguntar) _____.

3. Daniel es contador (*accountant*). De niño le (gustar) _____.

4. Miguel es músico. De niño (cantar) _____.

5. Yo soy bailarina. De niña (bailar) _____.

6. Isabel y Teresa son escritoras. De niñas (leer) _____.

7. Pablo y yo somos policías. De niños (jugar) _____.

5

Tu infancia Contesta estas preguntas sobre tu infancia con oraciones completas.

1. ¿Con quién vivías cuando eras niño/a?

   _____

2. ¿Cuántos/as amigos/as tenías?

   _____

3. ¿Qué juegos preferías?

   _____

4. ¿Qué libros te gustaba leer?

   _____

5. ¿Qué programas veías en la televisión?

   _____

6. ¿Cómo era tu personalidad?

   _____

6

Otras generaciones Busca a una persona mayor que tú —puede ser tu madre, tu padre, tu abuelo/a o algún profesor— y hazle una entrevista sobre su infancia. Puedes usar como guía la actividad anterior. Escribe al menos cinco preguntas y las respuestas de la persona que entrevistaste.

_____

_____

_____

_____

_____

_____

_____

3.3 The preterite vs. the imperfect

1

Todo en orden Don Miguel está enfermo. Después de pasar tres días en cama, decidió pasar por la oficina de *Facetas*. No sabía que lo esperaba una sorpresa. Completa el texto con la forma apropiada del verbo entre paréntesis.

Después de pasar tres días en cama, don Miguel 1) _____ (levantarse) para
ir un rato a la oficina de *Facetas*. 2) _____ (querer) limpiar un poquito y
prepararles el café a los muchachos, pero cuando 3) _____ (llegar),
4) _____ (encontrarse) con una sorpresa. Mariela 5) _____ (pasar)
la aspiradora por las alfombras. Johnny le 6) _____ (quitar) el polvo a los
escritorios con un plumero. Éric 7) _____ (limpiar) las computadoras. Diana
8) _____ (servir) el café. Fabiola 9) _____ (hacer) la limpieza del baño. Y
Aguayo 10) _____ (ocuparse) de su oficina. Todos 11) _____ (sorprenderse)
cuando 12) _____ (ver) a don Miguel. Rápidamente lo 13) _____ (enviar) de
nuevo a la cama. En la oficina, todo 14) _____ (estar) en orden.

2

Quehaceres cotidianos El señor Gómez se jubiló el año pasado y su rutina cambió mucho.
Cuando trabajaba en un banco, realizaba diariamente las mismas tareas y en el mismo orden.
Completa el párrafo con las palabras de la lista.

antes	luego	primero
después de	mientras	siempre

El señor Gómez 1) _____ se levantaba a las seis de la mañana. Vivía cerca de la oficina,
pero le gustaba llegar temprano. 2) _____ de salir de su casa, tomaba un desayuno bien
completo: café con leche, tostadas, queso y fruta. Ya en la oficina, 3) _____ se reunía
con su secretaria para repasar (*go over*) la agenda del día. 4) _____ repasar la agenda, se
tomaba un café 5) _____ leía las noticias del día. 6) _____ el señor Gómez recibía
a los clientes que querían hablar con él.

3

La vida diaria de alguien famoso Imagina la vida de una persona famosa. Luego completa estas
oraciones con información sobre esta persona usando el pretérito o el imperfecto.

1. Anoche _____

2. Cuando era niño/a _____

3. Durante tres horas _____

4. Esta mañana _____

5. Siempre _____

6. La semana pasada _____

4   **Cambios** Imagina que tú vivías en el centro de la ciudad, pero el mes pasado te compraste una casa en las afueras de la ciudad. Completa las oraciones con la forma correcta del pretérito o el imperfecto de los verbos entre paréntesis.

1. (conocer)

   Antes yo no _____ a casi ninguno de mis vecinos (*neighbors*).

   Ayer _____ a todos los vecinos de mi cuadra en una fiesta que organizó una vecina.

2. (querer)

   Antes, si mis amigos y yo _____ salir tarde por la noche, lo hacíamos sin preocuparnos

   por la seguridad.

   El otro día, mis amigos no _____ venir a verme porque tenían miedo de volver de noche

   a su casa.

3. (poder)

   Hace un mes, no _____ dormir porque mi calle era ruidosa.

   Ayer, finalmente _____ dormir como un bebé.

4. (saber)

   Hace un mes, no _____ que mi vida iba a ser tan diferente.

   Hace poco yo _____ que una amiga también se había ido de la ciudad.

5   **¿Eres el/la mismo/a?** Escribe dos párrafos. En el primer párrafo describe cómo **eras** y lo que **hacías** cuando eras niño/a. En el segundo, describe los sucesos (*events*) más importantes que te ocurrieron el año pasado. Usa al menos seis verbos de la lista en pretérito o en imperfecto, según corresponda.

acostumbrarse	decidir	pasarlo bien	soler
averiguar	disfrutar	probar	tener
comprar	estar	relajarse	tomar
dar un paseo	leer	ser	vivir

Cuando era niño/a _____

_____

_____

_____

_____

El año pasado _____

_____

_____

_____

_____

MANUAL DE GRAMÁTICA

3.4 Telling time

1

La hora Escribe la hora que marca cada reloj usando oraciones completas.

1.   2.   3.

1. _____
2. _____
3. _____

2

Programación Mira la programación televisiva y contesta estas preguntas.

CANAL 7					
6:00	6:30	7:00	8:00	9:15	10:00
Trucos para la escuela Cómo causar una buena impresión con poco esfuerzo.	**Naturaleza viva** Documentales.	**Mi familia latina** Divertida comedia sobre un joven estadounidense que va a México como estudiante de intercambio.	**Historias policiales** Ladrones, crímenes, accidentes.	**Buenas y curiosas** Noticiero alternativo que presenta noticias buenas y divertidas de todo el mundo.	**Dibujos animados clásicos** Conoce los dibujos animados que miraban tus padres.

1. ¿A qué hora empieza *Trucos para la escuela*? _____
2. ¿A qué hora termina el documental *Naturaleza viva*? _____
3. ¿Cuándo empieza la comedia *Mi familia latina*? _____
4. ¿A qué hora dan *Historias policiales*? _____
5. ¿A qué hora es *Buenas y curiosas*? _____
6. ¿Cuándo comienzan los *Dibujos animados clásicos*? _____

3

Antes y ahora Contesta estas preguntas sobre tus horarios cuando eras niño/a y ahora.

1. levantarse los domingos

Cuando era niño/a _____ me levantaba a las diez y media.

Ahora _____

2. acostarse durante la semana

Cuando era niño/a _____

Ahora _____

3. almorzar

Cuando era niño/a _____

Ahora _____

Workbook

LECTURA

1   **Antes de leer** ¿Qué costumbres relacionadas con la comida son características de tu cultura?

_____

_____

_____

Los horarios de las comidas

Los horarios del almuerzo varían de país a país. ¿Crees que puedes almorzar en España a las 12 del mediodía? Seguramente será muy difícil comer en un restaurante a esa hora. Allí el almuerzo se sirve entre la 1 y las 3 de la tarde. En Argentina, Chile y Colombia, por otro lado, se almuerza generalmente entre las 12 y las 2 de la tarde.

Por lo general, se puede decir que en el mundo hispano las familias se siguen reuniendo para el almuerzo, pues éste es un buen momento para socializar. En muchos países, por ejemplo, los miembros de las familias suelen vivir cerca y se reúnen los fines de semana para almorzar.

- Aunque la costumbre de dormir una breve siesta después del almuerzo se va perdiendo debido a los cambios en los horarios de trabajo, todavía se mantiene con vigor en muchos países, especialmente en pueblos y ciudades pequeñas.

- Un hábito muy común en México consiste en desayunar un café. Aproximadamente a las 11 de la mañana se come una buena ración de tacos. A esta comida se la llama almuerzo. La comida principal es entre las 2 y las 4 de la tarde.

- El ubicuo pan se sustituye por otros alimentos en muchas regiones hispanas. En Venezuela y Colombia, por ejemplo, muchas veces se reemplaza por las arepas, mientras que en México se acompaña la comida con las tortillas.

2   **Después de leer**

A Completar Completa estas oraciones con la opción adecuada.

1. En España es difícil almorzar en un restaurante a las _____.
   a. tres de la tarde   b. doce del mediodía   c. dos de la tarde

2. En Argentina normalmente se come entre las _____.
   a. tres y las cinco   b. doce y las dos   c. once y las doce

3. El almuerzo en los países latinos es un buen momento para _____.
   a. dormir la siesta   b. socializar   c. trabajar

B Responder Responde estas preguntas con oraciones completas.

1. ¿Se reúne tu familia tan frecuentemente para comer como en los países latinos?

_____

2. ¿Hay costumbres de los países latinos que te gustaría incluir en tu rutina?

_____

3. ¿Qué costumbres del mundo hispano no funcionarían en tu país?

_____

COMPOSICIÓN

Imagina que estás en España y vas a pasar un semestre en la Universidad de Salamanca con un grupo de estudiantes de tu escuela. Llegaste hace una semana y vas a escribir una carta a tu clase describiendo tu rutina diaria y las actividades que hiciste durante esa primera semana en España.

Preparación

Piensa en las diferencias de la vida diaria de un estudiante en España y de un estudiante en tu país. Luego haz una lista de las costumbres de tu país y otra lista de las costumbres y formas de vida españolas. Piensa en los horarios de las comidas, las visitas a amigos, las compras, los lugares que frecuentaste, etc.

Las costumbres de mi país	Las costumbres de España

Composición

Escribe una carta a tu familia contando tu experiencia en España.

- Describe cómo es un día típico en España. Incluye horarios y diferencias culturales.
- Explica las diferencias culturales entre tu país y España.
- Termina la carta con una expresión de despedida, una pregunta a la persona a quien le escribes y un saludo.

_____

_____

_____

_____

_____

_____

_____

_____

_____

_____

_____

_____

_____

Workbook

Lección 3 Workbook

Workbook

CONTEXTOS

Lección 4
La salud y el bienestar

1 **Crucigrama** Completa el crucigrama.

Horizontales

1. sinónimo de ponerse bien
3. lo contrario de adelgazar
7. quedarse despierto hasta muy tarde en la noche

Verticales

2. persona que opera en un hospital
4. muy cansada
5. se pone en un hueso roto
6. pastilla para el dolor fuerte

2 **En el hospital** Escribe oraciones lógicas usando en cada una dos palabras de la lista que estén relacionadas. Sigue el modelo. Puedes repetir palabras.

cirujano	jarabe	sala de operaciones
consultorio	operación	tos
herida	receta	venda
inyección	resfriado	virus

1. El **cirujano** trabaja en **la sala de operaciones**. _____

2. _____

3. _____

4. _____

5. _____

6. _____

3 **¿Quién lo dice?** Lee los comentarios y luego indica quién dijo cada uno.

_____ 1. ¿Cuándo me va a quitar el yeso, doctora?

_____ 2. Con este jarabe para la tos, me voy a poner bien.

_____ 3. ¡Este dolor no se me va ni con aspirinas!

_____ 4. Me hice daño en el brazo.

_____ 5. ¡Puajj! ¡Qué sabor feo que tiene!

_____ 6. ¿Me va a poner una inyección?

a. un niño que acaba de tomar un jarabe

b. un paciente con gripe

c. una niña que tose mucho

d. un paciente con una pierna rota

e. una mujer con un brazo herido

f. un chico con dolor de cabeza

4 **La intrusa** Elige la expresión o la palabra que no pertenece al grupo.

1.	curarse	ponerse bien	recuperarse	empeorar
2.	inflamado	mareado	resfriado	sano
3.	la gripe	el bienestar	el virus	la depresión
4.	la autoestima	el bienestar	la salud	la cirugía
5.	el resfriado	el tratamiento	la gripe	la tos
6.	el yeso	la aspirina	el jarabe	el calmante

5 **Clasificar** Clasifica las palabras de la lista en la categoría apropiada. Luego escribe oraciones lógicas usando en cada una por lo menos dos palabras de la lista.

desmayarse	el resfriado	permanecer en cama
el calmante	estar a dieta	toser
el cáncer	la aspirina	tener fiebre
el jarabe	la gripe	tomar pastillas

Medicamentos	Tratamientos	Enfermedades	Síntomas

1. _____

2. _____

3. _____

4. _____

ESTRUCTURA

4.1 The subjunctive in noun clauses

1 **Enfermo del corazón** Gustavo se siente muy enfermo y, por eso, decide hacer una consulta a su doctor. Completa su conversación con la forma adecuada del subjuntivo.

MÉDICO   Buenas tardes. ¿Cómo está usted?

GUSTAVO   Buenas tardes, doctor. Es urgente que me 1) _____ (ayudar). Es posible que 2) _____ (estar) muy enfermo.

MÉDICO   No creo que 3) _____ (ser) tan grave. ¿Qué le sucede?

GUSTAVO   No puedo dormir. No puedo comer. No puedo estudiar. No puedo trabajar.

MÉDICO   Es necesario que me 4) _____ (dar) más información. ¿Tiene fiebre, dolores físicos, tos? ¿Está resfriado? ¿Se ha desmayado?

GUSTAVO   No, nada de eso, pero no quiero que mis amigos me 5) _____ (invitar) a salir; no me gusta que mi jefe me 6) _____ (dar) trabajo; me molesta que mis profesores me 7) _____ (pedir) tareas. Sólo quiero que Pilar 8) _____ (venir) a verme, que me 9) _____ (hablar), que me 10) _____ (mirar), que me...

MÉDICO   ¡Interesante! ¿Y Pilar le habla, lo mira y quiere pasar tiempo con usted?

GUSTAVO   No, ése es el problema.

MÉDICO   Bueno, entonces le sugiero que 11) _____ (quedarse) tranquilo. Y le aconsejo que le 12) _____ (decir) a Pilar lo que usted siente. También le recomiendo que pida una cita con un psicólogo de la clínica.

2 **Consejos** ¿Qué consejos puedes darle tú a Gustavo? Vuelve a leer la actividad anterior y luego completa estas oraciones usando el presente de subjuntivo.

1. Dudo que Gustavo _____

2. No creo que el doctor _____

3. Es evidente que Gustavo _____

4. Ojalá que Pilar _____

5. Temo que Pilar _____

6. Es posible que Gustavo _____

3 **¿Qué recomienda el doctor?** Completa las recomendaciones que el Doctor Perales les da a sus pacientes. Usa las palabras entre paréntesis y la forma adecuada del verbo.

¿Qué le dijo el doctor...	Recomendaciones
1. al paciente que tiene un yeso en la pierna?	Insisto en que no (apoyar / la pierna) _____ durante 48 horas. No quiero que (romperse / el yeso) _____ .
2. al paciente que tiene tos?	Debe dejar de fumar si desea que (mejorar / la salud) _____ .
3. a la mujer que tiene el brazo lastimado?	Le recomiendo que (cambiar / la venda) _____ tres veces al día. Espero que no (inflamarse / la herida) _____ .
4. a la niña que tiene tos?	Te sugiero que (tomar / este jarabe) _____ si quieres que (curarse / la tos) _____ .
5. al paciente que está resfriado?	Es importante que (quedarse / en casa) _____ . Tengo miedo que (contagiar / a otras personas) _____ .
6. a la madre del niño con gripe?	Es necesario que (vacunar / a su hijo) _____ .

4 **La paciente impaciente** La recepcionista de un consultorio médico tiene problemas con una paciente impaciente. Completa la conversación con el presente del indicativo o el presente del subjuntivo de los verbos entre paréntesis.

PACIENTE   Buenos días, 1) _____ (desear) que el doctor González me

2) _____ (examinar).

RECEPCIONISTA   Buenos días, señora. Lo siento, pero el doctor González no

3) _____ (atender) hoy. ¿La 4) _____ (poder)

atender otro doctor?

PACIENTE   5) _____ (querer) que me 6) _____ (atender) el

doctor González. No veré a otro doctor.

RECEPCIONISTA   Y yo le 7) _____ (recomendar) que 8) _____ (ver) a

otro doctor porque el doctor González no 9) _____ (venir) hoy.

PACIENTE   10) _____ (exigir) que le 11) _____ (decir) al doctor

González que necesito verlo.

RECEPCIONISTA   ¡El doctor González no 12) _____ (venir) hoy!

PACIENTE   ¡Dudo que el doctor González no 13) _____ (venir) hoy! Creo que

este consultorio 14) _____ (ser) bueno. ¡Pero no estoy segura que

los empleados 15) _____ (ser) competentes! ¡Quiero que

16) _____ (llamar) a su supervisor inmediatamente!

4.2 Commands

1 **El doctor Arriola** El doctor Arriola les dice a sus pacientes lo que tienen que hacer. Escribe mandatos formales (**usted**) usando las notas del doctor.

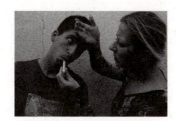 

José tiene gripe.

1. tomarse / temperatura _____

2. acostarse _____

3. prepararse / sopa de pollo _____

4. beber / té con miel _____

Ignacio tiene la garganta inflamada.

5. descansar _____

6. no hablar / mucho _____

7. tomar / las pastillas _____

8. consumir / líquidos en abundancia _____

2 **El asistente del doctor Arriola** El asistente del doctor Arriola es muy joven y todavía está aprendiendo a tratar a los pacientes. Completa los consejos que el doctor Arriola le da a su asistente. Usa mandatos formales.

1. A los fumadores puedes decirles: "_____ No fumen _____". (no fumar)

2. A los pacientes con dolor de cabeza puedes decirles: "_____".
   (tomar / aspirinas)

3. A los pacientes con problemas de peso puedes decirles: "_____".
   (ir / al gimnasio)

4. A los deprimidos puedes decirles: "_____". (hacer / actividades
   para levantar el ánimo)

5. A los que tienen demasiado estrés puedes decirles: "_____". (descansar)

6. A los niños impacientes puedes decirles: "_____".
   (jugar / con estos juguetes)

Workbook

3 **Remedios caseros** Hay personas que creen que las enfermedades pueden curarse sin ir al médico. Lee estos textos sobre creencias populares y escribe una lista de consejos usando mandatos informales con los verbos subrayados.

A. "Los resfriados pueden curarse **respirando** el vapor de agua con sal. Los resfríos también pueden curarse **tomando** té con limón y miel. Cuando estamos resfriados, debemos **abrigarnos** bien."

1. Respira el vapor de agua con sal. _____

2. _____

3. _____

B. "Cuando hay una herida, primero se **lava** con agua y jabón. Debe **ponerse** una venda para tapar bien la herida. **No** hay que **tocarse** la herida porque se puede infectar."

4. _____

5. _____

6. _____

C. "La falta de sueño se debe a una preocupación. Por eso hay que **olvidarse** de las angustias. Una taza de leche caliente es un buen remedio. **Eliminar** el café por completo es una buena idea."

7. _____

8. _____

4 **Consejos sanos** Tus compañeros de apartamento y tú quieren mejorar su salud y mantenerse sanos. Escribe diez consejos o recomendaciones usando mandatos con **nosotros**. Puedes escribir consejos sobre temas como la comida, el cuidado de los dientes, la actividad física, las heridas, etc.

1. Salgamos a caminar después de cenar. _____

2. _____

3. _____

4. _____

5. _____

6. _____

7. _____

8. _____

9. _____

10. _____

4.3 *Por* and *para*

1 **En el consultorio** Completa la conversación con **por** o **para**.

PACIENTE Doctor, tengo un malestar general: tengo mucha tos, tengo fiebre y 1) _____ colmo me siento agotado.

DOCTOR 2) _____ lo visto, tiene usted gripe. 3) ¿_____ cuánto tiempo ha tenido (*have you had*) estos síntomas?

PACIENTE 4) _____ lo menos 5) _____ una semana.

DOCTOR Aquí tiene una receta. Éstas son unas pastillas 6) _____ la fiebre. Este jarabe es 7) _____ la tos. Tómelo 8) _____ la mañana y 9) _____ la noche.

PACIENTE Gracias, doctor. Voy inmediatamente a la farmacia 10) _____ mis medicinas.

2 **Síntomas y tratamientos** Escribe oraciones lógicas usando elementos de las tres columnas.

el calmante		adelgazar
el jarabe		dolor
estar a dieta	por	la salud
estar mareado	para	la tensión baja
tratamiento		la tos

1. _____

2. _____

3. _____

4. _____

3 **Por y para** Completa las frases para formar oraciones lógicas.

1. Hice una llamada al consultorio por _____.

2. Hice una llamada al consultorio para _____.

3. Compré estas pastillas por _____.

4. Compré estas pastillas para _____.

5. Toma (tú) este jarabe por _____.

6. Toma (tú) este jarabe para _____.

Workbook

4

Por y para Elige el significado correcto de cada oración.

1. Camino por el hospital. _____
   a. Camino por los pasillos del hospital.   b. Camino en dirección al hospital.

2. Compré las medicinas por mi madre. _____
   a. Mi madre va a tomar las medicinas.   b. Compré las medicinas porque mi madre no
                                                 pudo comprarlas.

3. Para mí, lo que tienes es un resfriado. _____
   a. En mi opinión, tienes un resfriado.   b. Al igual que yo, tienes un resfriado.

4. El doctor fue por unas pastillas para el paciente. _____
   a. El doctor fue a buscar unas pastillas   b. El doctor le recetó unas pastillas al paciente.
   para el paciente.

5

Julieta recibe una carta de sus padres Una semana después de haber llegado a Madrid,
Julieta recibió una carta de sus padres. Ellos creen que ella es demasiado joven para estar sola tan
lejos de su casa. Completa la carta con las expresiones de la lista que necesites.

por	por aquí	por mucho
para colmo	por casualidad	por primera vez
para que sepas	por eso	por si acaso
por allí	por más que	por supuesto

Querida Julieta:

1)_____ está todo bien y esperamos que 2)_____ también
lo esté. 3)_____ lo pensemos y lo conversemos, tu padre y yo seguimos
descontentos con tu viaje. 4)_____ en nuestras vidas estamos muy
preocupados porque creemos que eres muy joven para estar sola tan lejos, y
especialmente con tus problemas de salud. 5)_____, ahora aparece
ese muchachito en Madrid. ¿Acaso ese joven no vive en Barcelona? ¿Qué hace ahora
en Madrid? 6)_____ que confiamos en ti. Pero, 7)_____,
queremos que estés atenta. 8)_____, tu prima Merceditas salía con
un chico muy bueno y muy simpático, pero que resultó ser un ladrón muy buscado
por la policía. Ella cayó en una depresión. 9)_____, Julietita querida, te
pedimos que tengas mucho cuidado. ¡No seas tan confiada! Un beso de papá y mamá
que te quieren mucho y se preocupan 10)_____ tu bienestar.

MANUAL DE GRAMÁTICA

4.4 The subjunctive with impersonal expressions

1 **Saber vivir** *Saber vivir* es un programa de salud que siempre da los mejores consejos para llevar una vida sana. Elige el verbo adecuado para cada una de las recomendaciones.

1. Es mejor que _____ (prevengas/previenes) la gripe con una vacuna.

2. Es importante que _____ (tengas/tienes) una buena alimentación.

3. Es verdad que los doctores siempre _____ (tengan/tienen) razón.

4. Es evidente que este programa _____ (ayude/ayuda) a muchas personas.

5. Es necesario que _____ (descanses/descansas) para ponerte bien.

6. No es cierto que las medicinas lo _____ (curen/curan) todo.

2 **Una situación peligrosa** Se acerca una gran tormenta y un grupo de amigos está discutiendo qué hacer y cómo prepararse frente a esta situación. Usa el presente de indicativo o el presente de subjuntivo.

1. Es urgente que _____.

2. Es malo que _____.

3. Es mejor que _____.

4. No es verdad que _____.

5. Es necesario que _____.

6. Es seguro que _____.

3 **La habitación ideal** Describe cómo es la habitación de hospital ideal según tu opinión. Usa las expresiones impersonales de la lista.

Es bueno	Es necesario
Es importante	Es seguro
Es mejor	No es verdad

_____

_____

_____

_____

_____

_____

LECTURA

1 **Antes de leer** ¿Te gusta el chocolate? ¿Qué tipo de chocolate prefieres? ¿Conoces su origen?

_____

_____

_____

La historia del chocolate

¿Sabías que el cacao y el chocolate eran desconocidos en Europa hasta la llegada de los españoles a América?

Hoy, el chocolate es una de las delicias más apreciadas por adultos y niños de todo el mundo. El árbol del cacao, originario de las zonas tropicales de Hispanoamérica, se cultiva en México, Venezuela, Ecuador y Colombia.

Existen varias leyendas indígenas sobre el origen divino de este popular alimento. La más famosa cuenta que Quetzalcóatl, dios azteca del viento, le regaló semillas° del árbol del cacao a los hombres y, de esa forma, este arbusto° creció sobre la tierra. Debido a su origen divino, existía entre los aztecas la creencia de que su consumo daba poder y sabiduría°.

La historia del chocolate es muy curiosa. Durante su cuarto viaje, Cristóbal Colón se encontró en la costa de Yucatán con una embarcación° indígena que transportaba unas semillas que eran utilizadas como monedas. Estas semillas también eran el ingrediente principal de una misteriosa bebida sagrada, el "tchocolath". Años después, el conquistador Hernán Cortés fue el primero en probar la "bebida de los dioses" en la corte° azteca del emperador Moctezuma. La preparaban mezclando el cacao con maíz, vainilla, miel y canela°.

De vuelta a España, Cortés elogió las cualidades de la nueva bebida. Sin embargo, ésta no fue bien recibida por su sabor amargo°. Los primeros granos de cacao llegaron al Monasterio de Zaragoza en 1522, junto con la receta para preparar el chocolate. Sólo cuando se le añadió azúcar de caña empezó su rápida propagación dentro del continente europeo.

semillas *seeds* **arbusto** *bush* **sabiduría** *wisdom* **embarcación** *vessel* **corte** *court* **canela** *cinnamon* **amargo** *bitter*

2 **Después de leer** Responde estas preguntas con oraciones completas.

1. ¿Dónde se cultiva el árbol del cacao en Hispanoamérica?

_____

2. ¿Qué cuenta la leyenda indígena de Quetzalcóatl?

_____

3. ¿Para qué se utilizaron las semillas de cacao originalmente?

_____

4. ¿Qué ingredientes tenía la "bebida de los dioses"?

_____

5. En 1522, llegaron los primeros granos de cacao a España. ¿Adónde llegaron concretamente?

_____

6. ¿Por qué no fue bien recibida la bebida de cacao al principio?

_____

COMPOSICIÓN

Como viste en el cuarto episodio de la **Fotonovela,** Johnny se quiere poner en forma y ha decidido no comer más dulces. Imagina que un(a) amigo/a tuyo está en la misma situación. Ayuda a tu amigo/a a crear una dieta para mejorar su alimentación y dale consejos para tener una vida más sana.

Preparación

Escribe una lista de los alimentos que debe y que no debe comer y de las actividades que van a ayudarle a mejorar su salud.

Cosas que debe comer	Cosas que no debe comer	Cosas que debe hacer

Composición

Escribe una dieta detallada para un día completo.

- Describe las comidas de un día, incluyendo desayuno, almuerzo y cena.
- Escribe también las actividades que tu amigo/a puede hacer para estar en forma e inclúyelas en su horario.
- Escribe otros consejos generales que debe seguir para llevar una vida más sana.

_____
_____
_____
_____
_____
_____
_____
_____
_____
_____
_____

Workbook

Workbook

CONTEXTOS

Lección 5
Los viajes

1 **El aeropuerto internacional** Lee las descripciones de situaciones que ocurren en un aeropuerto internacional e indica con el número apropiado qué comentario corresponde a cada una.

1. Un hombre con una maleta está tratando de comprar un pasaje, pero el empleado de la aerolínea le está explicando que ya no quedan más asientos disponibles.

2. Una pareja con maletas está en la puerta de embarque. El hombre le habla a la empleada.

3. Un joven llega al aeropuerto con una hora de retraso y el empleado le da la mala noticia.

4. El empleado de una aerolínea habla con un viajero que tiene el pasaporte vencido.

5. Dos azafatas se reúnen con un piloto en la entrada de la zona de embarque.

6. Una empleada de la oficina de informes está hablando por un micrófono para avisar que el avión saldrá dos horas más tarde.

_____ a. "Tengo dos pasajes reservados para San José."

_____ b. "Para volar necesita tener el pasaporte vigente."

_____ c. "Lo siento señor, el vuelo está lleno."

_____ d. "El vuelo con destino a la Ciudad de Panamá está retrasado."

_____ e. "¡Atención señores! Los pasajeros del vuelo 508 con destino a La Paz ya pueden embarcar."

_____ f. "Me temo que ha perdido su vuelo."

2 **La intrusa** Indica la palabra o expresión que no pertenece al grupo.

1. el accidente   el congestionamiento   el tránsito   la despedida

2. el auxiliar de vuelo   el guía turístico   el piloto   el agente de aduanas

3. el itinerario   el crucero   el buceo   la isla

4. la llegada   la salida   el destino   el viajero

5. la excursión   la aventura   la temporada alta   el ecoturismo

6. el alojamiento   el seguro   el albergue   la habitación

7. las olas   navegar   la recepción   el puerto

8. la brújula   el campamento   la excursión   el aviso

3 **Mi primer viaje** Antes de hacer su primer viaje sola, Amanda, que tiene quince años, habla con su madre. Escribe las preguntas que le hace su madre, usando la forma correcta de los verbos entre paréntesis.

MADRE 1) ¿_____ la primera noche (quedarse)?

AMANDA En un albergue.

MADRE 2) ¿_____ (estar lleno)?

AMANDA No te preocupes, tengo una reserva.

MADRE 3) ¿_____ (viajar)?

AMANDA No lo sé, mamá, pero no te preocupes. El guía turístico lo sabe.

MADRE 4) ¿_____ (visitar)?

AMANDA Una selva tropical y unas ruinas.

MADRE 5) ¿_____ (regresar)?

AMANDA Antes de que empiecen las clases.

MADRE 6) _____ (perder el vuelo), ¿verdad?

AMANDA ¡Claro que no!

MADRE 7) ¿_____? (hacer las maletas)

AMANDA Bueno, mamá... a ver si nos tranquilizamos, ¿sí? Todo va a salir bien, ya verás.

4 **¡Qué aventura!** Amanda está en Costa Rica. Imagina el lugar y escribe un mensaje de correo electrónico que esta adolescente le escribió a su madre contándole las aventuras de su viaje. Usa al menos diez palabras de la lista.

albergue	frontera	quedarse
bienvenida	guía turístico	recorrer
brújula	incluido	selva
cancelar	peligroso	temporada alta

De: _____

Para: _____

Asunto: _____

Querida mamá:

¿Cómo estás? Ay, yo estoy super contenta aquí en...

_____

_____

_____

ESTRUCTURA

5.1 Comparatives and superlatives

1 **Comparaciones** Elige la opción que tenga el mismo significado que la oración original.

_____ 1. Tu pasaje costó 400 dólares y el mío sólo 250 dólares.

a. Tu pasaje es tan caro como el mío.

b. Tu pasaje es más caro que el mío.

_____ 2. ¡Tu vuelo llegó con cinco horas de retraso! El mío llegó a tiempo.

a. Mi vuelo llegó retrasadísimo.

b. Tu vuelo no fue tan puntual como el mío.

_____ 3. Me gusta esta aerolínea, pero la comida de Aerolíneas Argentinas es mucho más rica.

a. El servicio de comida de Aerolíneas Argentinas es mejor que el servicio de comida de esta compañía aérea.

b. El servicio de comida de esta aerolínea es tan bueno como el de Aerolíneas Argentinas.

_____ 4. En temporada alta los pasajeros pagan más por sus viajes.

a. Viajar en temporada alta es tan caro como viajar en temporada baja.

b. Viajar en temporada alta es más caro que viajar en temporada baja.

_____ 5. Esta auxiliar de vuelo (*flight attendant*) habla inglés y español. Aquélla sabe inglés, español e italiano.

a. Esta auxiliar de vuelo habla tantos idiomas como aquella otra.

b. Esta auxiliar de vuelo habla menos idiomas que aquella otra.

2 **Ecoturismo** Lee este anuncio publicitario y luego indica si las afirmaciones son **ciertas** o **falsas**.

Si te gusta la aventura, Costa Rica es tu mejor destino. Puedes disfrutar de las mejores vacaciones relajándote en las bellísimas playas de Isla Tortuga, donde también puedes practicar buceo y surf. Si necesitas más emociones, nuestra agencia de viajes te ofrece los mejores y más completos programas de ecoturismo. Tenemos los guías turísticos más cualificados, con los que recorrerás los famosísimos parques nacionales y volcanes. Puedes alojarte en hoteles, pero los albergues costarricenses son tan cómodos como los hoteles y son más económicos. ¡Viajero! No esperes más y elige nuestra agencia de viajes. Aquí te ofrecemos los mejores servicios por poco dinero. ¡Buen viaje!

Cierto	Falso	
❏	❏	1. Costa Rica es el mejor destino para los aventureros.
❏	❏	2. Esta agencia ofrece opciones también para los menos aventureros.
❏	❏	3. Esta agencia ofrece completísimos programas de ecoturismo.
❏	❏	4. Los albergues no son tan cómodos como los hoteles.
❏	❏	5. Los hoteles son tan caros como los albergues.
❏	❏	6. Esta agencia tiene buenos servicios a bajo precio.

Workbook

3 **Otro mensaje de Amanda** ¿Te acuerdas de Amanda, la chica que viajó sola por primera vez? Ella acaba de llegar a otra ciudad. Lee el mensaje de correo electrónico que Amanda les escribe a sus padres y complétalo con **más/menos** o **tan/tanto/a(s)**.

<u>De:</u> [   ]

<u>Para:</u> [   ]

<u>Asunto:</u> [   ]

Queridos padres:

Ya estoy en Cartago. Estoy alojada en el Hostal Internacional. Este albergue es 1) _____ elegante como el de San José, pero desgraciadamente yo estoy 2) _____ contenta aquí que allá. Aquí hay 3) _____ habitaciones como en el Hostal Central de San José, pero hay 4) _____ comodidades que allá. La habitación es 5) _____ grande como la de San José. Pero la cama es 6) _____ cómoda y el servicio de habitación es 7) _____ frecuente que en el Hostal Central. En San José, donde todo funciona bien, el ascensor es 8) _____ rápido y el salón es 9) _____ cómodo que aquí. El desayuno es 10) _____ rico como en San José, pero los meseros y los recepcionistas te ayudan y son 11) _____ amables allá. Mañana nos vamos. Ya les contaré cómo es el nuevo albergue.

Un beso grande,

Amanda

4 **Amanda al teléfono** Amanda está ahora en otra ciudad y se aloja en otro albergue. Imagina la conversación que Amanda tiene con sus padres por teléfono en la que les cuenta los detalles del viaje y del nuevo alojamiento. Escribe la conversación usando al menos ocho palabras de la lista.

más…que	mayor	carísimo	peligroso
menos…que	mejor	elegantísimo	perder
tan…como	peor	riquísimo	turista

AMANDA ¿Hola? Hola, sí… ¿Me escuchas mamá? ¡Soy Amanda!

MADRE Hola, hola, hija. Sí, te escucho bien. Espera un momento que llamo a tu padre.

AMANDA Bueno, no es necesario, mamá…

MADRE Un momento, hija, que pongo el teléfono en manos libres (speaker phone)

PADRE ¡Hola, Amanda! ¡Qué lindo escucharte! Cuéntanos…

AMANDA A ver… El otro día _____

_____

_____

_____

_____

_____

_____

5.2 The subjunctive in adjective clauses

1 **En la agencia de viajes** Éric y un amigo están planeando un viaje. Completa estas oraciones con la opción adecuada para saber qué tipo de viaje quieren.

1. Buscamos un viaje que _____ (tiene / tenga) aventuras.

2. Sabemos de unos destinos que _____ (son / sean) exóticos.

3. Preferimos un hotel que no _____ (es / sea) muy caro.

4. Nos recomendaron unos lugares que _____ (ofrecen / ofrezcan) ecoturismo.

5. ¿Nos conviene un paquete de vacaciones que _____ (incluye / incluya) seguro?

6. Mi amigo quiere visitar un lugar que _____ (es / sea) tranquilo y relajante.

7. Yo prefiero un lugar que _____ (tiene / tenga) muchas actividades que hacer.

8. Conozco un programa que _____ (ofrece / ofrezca) un poco de todo.

2 **Se busca** Completa este anuncio que apareció en un periódico de San Salvador. Usa la forma adecuada del subjuntivo o el infinitivo de los verbos entre paréntesis, según corresponda.

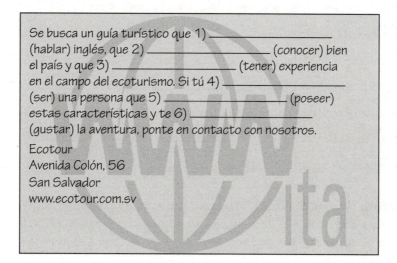

Se busca un guía turístico que 1) _____
(hablar) inglés, que 2) _____ (conocer) bien
el país y que 3) _____ (tener) experiencia
en el campo del ecoturismo. Si tú 4) _____
(ser) una persona que 5) _____ (poseer)
estas características y te 6) _____
(gustar) la aventura, ponte en contacto con nosotros.
Ecotour
Avenida Colón, 56
San Salvador
www.ecotour.com.sv

3 **Posible candidata** Éric leyó el anuncio de la agencia de viajes de la actividad anterior y pensó en su prima Natalia, que vive en San Salvador. Completa los comentarios que Éric hace sobre su prima con los verbos de la lista.

conoce	sea
interese	tenga
requiera	

Sé que mi prima está buscando un trabajo que no 1) _____ mucha experiencia pero que

2) _____ interesante y seguro. Creo que Natalia no 3) _____ muy bien

el mundo del ecoturismo, pero no hay nadie en nuestra familia que no 4) _____ ganas

de aprender. ¡Espero que le 5) _____!

4 **De viaje** Forma oraciones combinando estos elementos. Usa el indicativo o el subjuntivo según corresponda y haz los cambios necesarios.

1. Yo/buscar/viaje/ser/económico

   _____

2. Los turistas/necesitar/hoteles/no estar lleno

   _____

3. La guía/conocer/lugares en la selva/no ser peligrosos

   _____

4. Nosotros/querer/vuelo/tener/seguro

   _____

5. El hotel/no tener/ninguna habitación/ser doble

   _____

6. El aventurero/conocer/lugares/ser peligrosos

   _____

5 **Tu viaje ideal** Completa estas oraciones describiendo cómo sería tu viaje ideal. Usa el subjuntivo.

1. Busco una agencia de viajes que _____.

2. Necesito un boleto de avión que _____.

3. Prefiero que la comida del avión _____.

4. Es importante que alguien _____.

5. No quiero que nadie _____.

6. Voy a conseguir un alojamiento que _____.

6 **Hotel completo** Acabas de llegar a Managua, la capital de Nicaragua, y descubres que el hotel donde tenías una reservación está lleno. El recepcionista ofrece buscarte otro hotel. Escribe una conversación en la que le explicas qué tipo de alojamiento buscas. Usa al menos seis palabras de la lista.

buscar	hotel	preferir
conocer	necesitar	recepción
habitación individual	peligroso	servicio de habitación

_____

_____

_____

_____

_____

_____

_____

5.3 Negative and positive expressions

1 **Los viajeros** Escribe la letra de la opción que tenga el mismo significado que la oración dada.

_____ 1. Ni me gustan los aviones ni los cruceros.
   a. No me gusta volar y tampoco me gustan los cruceros.
   b. No me gusta viajar en avión, pero me gustan los cruceros.

_____ 2. Fabiola ha estado en Panamá y Éric también.
   a. Ninguno de los dos ha visitado Panamá.
   b. Fabiola y Éric han visitado Panamá.

_____ 3. Generalmente en mis viajes, o alquilo un carro o una motocicleta.
   a. Ni alquilo un carro ni una motocicleta en mis viajes.
   b. Generalmente alquilo algún medio de transporte en mis viajes.

_____ 4. Cuando visito un lugar nuevo siempre hago amigos.
   a. Nunca conozco a nadie cuando viajo.
   b. Conozco a mucha gente en mis viajes.

2 **Aventuras y desventuras** Completa estas oraciones con la opción correcta.

1. Los turistas no están buscando _____ (alguna/ninguna) aventura.

2. Los turistas no conocen bien la isla y el guía _____ (tampoco/también).

3. El guía turístico _____ (ni/no) encontró el campamento _____ (ni/no) las ruinas.

4. _____ (algunos/ningún) turistas quieren regresar a la ciudad.

3 **Viajes** Completa esta conversación entre Fabiola y Johnny con las palabras de la lista. Hay dos palabras que se repiten.

algo	jamás	ni siquiera
algún	nada	nunca
alguna	nadie	siempre
algunas	ni	tampoco

FABIOLA Johnny, ¿has viajado 1) _____ vez a Centroamérica?

JOHNNY No, 2) _____ , pero me gustaría ir 3) _____ día.
4) _____ que hay 5) _____ conferencia, yo estoy ocupado con el trabajo o tengo 6) _____ que hacer.

FABIOLA ¿De veras? ¿No has estado 7) _____ en Panamá 8) _____ en Costa Rica? Entonces, ¿9) _____ fuiste a la conferencia de Managua el año pasado?

JOHNNY No, ya te dije que 10) _____ he viajado a Centroamérica. ¿Es que no me escuchas?

FABIOLA ¡Pobre Johnny! ¡No te imaginas lo que te pierdes! 11) _____ sabemos el destino de este año, ¡y ya hay 12) _____ personas interesadas en ir en la oficina! ¿Puedes creerlo?

JOHNNY ¿En serio? No he oído 13) _____ . Pues, si yo no voy este año, no va 14) _____ .

Workbook

4 **El Hostal Miralrío** Johnny se encuentra en una situación de emergencia y llama a un amigo para pedirle ayuda. Completa esta parte de la conversación telefónica con expresiones positivas y negativas.

El Hostal Miralrío no tiene 1) _____ habitación libre. Y eso es extraño porque normalmente 2) _____ tiene habitaciones disponibles. Nos vamos a tener que alojar en 3) _____ hotel esta noche, pero el problema es que no hay 4) _____ en esta zona. Yo no tengo mucho dinero, y mis amigos 5) _____, y me preguntaba si tú tenías 6) _____ espacio libre en tu casa para pasar la noche.

5 **Oraciones opuestas** Cambia estas oraciones afirmativas a negativas usando expresiones positivas y negativas.

1. El Hostal Miralrío siempre tiene habitaciones libres.

_____

2. A mí también me gusta alojarme en albergues juveniles.

_____

3. Hay algún hotel cerca de aquí.

_____

4. Nosotros tenemos dinero y tarjetas de crédito.

_____

5. Tengo algunos amigos en esta ciudad.

_____

6. Estoy seguro de que alguien va a cancelar su reserva.

_____

6 **¿Lo ayudará?** Escribe la segunda parte de la conversación telefónica entre Johnny y su amigo, en la que éste le responde a Johnny. Usa al menos ocho expresiones positivas y negativas de la lista.

algo	jamás	ni...ni
algún	nada	nunca
alguna	nadie	siempre
algunas	ni siquiera	tampoco

_____

_____

_____

_____

_____

_____

_____

_____

MANUAL DE GRAMÁTICA

5.4 *Pero* y *sino*

1 **Pero o sino** Completa cada oración con la opción correcta. Vas a usar una expresión dos veces.

> sino
> pero
> no sólo... sino que
> sino que
> pero tampoco

1. Yo no quiero viajar mañana _____ el viernes.
2. Este vuelo no va a Managua _____ a San Salvador.
3. La excursión es fascinante _____ peligrosa.
4. Creo que _____ no estamos avanzando, _____ estamos perdidos.
5. No quiero ir al crucero _____ prefiero recorrer la selva.
6. El campamento no es el sitio más seguro _____ es peligroso.

2 **Completar** Completa estas oraciones con frases que comienzan con **pero** o **sino**.

1. Mis amigos no son salvadoreños _____.
2. Tengo la impresión de que este hotel es malo _____.
3. Mis padres querían que yo fuera a Nicaragua _____.
4. El avión no llegó retrasado _____.
5. No me lo pasé muy bien _____.
6. La isla es pequeña _____.

3 **Tu último viaje** Escribe una breve composición narrando tu último viaje. Incluye información sobre con quién viajaste, dónde fuiste, por cuántos días, qué hiciste, y finalmente incluye una anécdota de algo que fue divertido, horrible o inesperado. Usa al menos cuatro expresiones de la lista.

no sólo... sino que	pero	sino
no sólo... sino también	pero tampoco	sino que

_____

_____

_____

_____

_____

_____

_____

_____

Workbook

LECTURA

1 **Antes de leer** ¿Qué te gusta hacer en las vacaciones? ¿Te gustan las vacaciones en contacto con la naturaleza? _____

_____

Ecoturismo en el Amazonas

El río Amazonas, que nace en el Perú, pasa por el Brasil y desemboca° en el Atlántico, tiene 6.275 kilómetros de longitud. Este río encuentra a su paso casi seiscientas islas. En este territorio selvático, llamado Amazonia, viven muchas comunidades indígenas.

La selva virgen amazónica es un importante destino para los ecoturistas. El turismo ecológico permite conocer, aprender a respetar y, en consecuencia, proteger los recursos naturales de nuestro planeta. El contacto con las comunidades indígenas contribuye a su desarrollo° económico, sin violar su entorno° ni destruir su cultura tradicional.

Hay muchas empresas que organizan viajes de ecoturismo. Puedes hacer una excursión sencilla a uno de los extraordinarios parques nacionales, o pasear por la selva para observar las plantas medicinales y la fauna. Además, puedes pescar, participar en la preparación de alimentos, como el queso, descansar en los tranquilos cruceros, visitar alguna isla y bañarte en los ríos.

Pero si eres más aventurero y atrevido, puedes acampar en la selva virgen, aprender nociones de supervivencia° y practicar deportes extremos, como la escalada, el paracaidismo° y el *rafting*.

desemboca *flows into* **el desarrollo** *development* **el entorno** *environment*
la supervivencia *survival* **el paracaidismo** *parachuting*

2 **Después de leer** Contesta estas preguntas con oraciones completas.

1. ¿Dónde nace y dónde desemboca el río Amazonas?

_____

2. ¿Qué es la Amazonia?

_____

3. ¿Qué le permite el ecoturismo al turista?

_____

4. ¿Qué efecto tienen los programas de ecoturismo en los pueblos indígenas del Amazonas?

_____

5. ¿Pueden disfrutar del ecoturismo las personas que buscan unas vacaciones tranquilas? ¿Por qué?

_____

6. ¿Qué ofrece el turismo ecológico a los turistas más aventureros?

_____

COMPOSICIÓN

Imagina que trabajas para una empresa que ofrece programas de turismo ecológico en Centroamérica y debes preparar un paquete (*package*) de una semana para la nueva temporada de primavera.

Preparación

Escribe una lista de los lugares que vas a incluir en tu itinerario. Luego enumera distintas actividades ecológicas y recreativas que se pueden realizar en cada lugar. Piensa también en actividades alternativas para los que prefieren la tranquilidad, y en otros datos interesantes.

lugares para visitar	actividades para los aventureros	alternativas para los que prefieren la tranquilidad	datos interesantes

Composición

Escribe el texto para un folleto (*brochure*) informativo sobre el paquete. Incluye esta información:

- una frase o eslogan para atraer al lector
- una descripción del lugar o lugares que se van a visitar y las actividades que se ofrecen cada día
- actividades alternativas para los que prefieren la tranquilidad
- los medios de transporte y el alojamiento
- un dato interesante para atraer la atención de los clientes. Puede ser información turística, histórica, una anécdota de algún viajero, etc.
- información de contacto: nombre de la agencia de viajes, tu nombre, número de teléfono y un sitio de Internet

_____

_____

_____

_____

_____

_____

_____

_____

_____

_____

Workbook

CONTEXTOS

Lección 6
La naturaleza

1 Palabras Escribe la palabra de la lista que corresponde a cada una de estas descripciones o definiciones.

ave	cordillera	león	serpiente
cerdo	erosión	oveja	terremoto
conejo	incendio	rata	trueno

1. _____ → el rey de la selva

2. _____ → el fenómeno natural en el que la tierra se mueve

3. _____ → un ejemplo es la cobra

4. _____ → un sinónimo de pájaro

5. _____ → el ruido en una tormenta

6. _____ → un grupo de montañas

2 Definiciones Escribe una descripción o definición de cada palabra.

1. costa   → _____

2. bosque   → _____

3. desierto   → _____

4. mar   → _____

5. relámpago → _____

6. paisaje   → _____

3 Campo o ciudad ¿Prefieres vivir en el campo o en la ciudad? Escribe las ventajas y las desventajas de vivir en el lugar que tú elijas.

al aire libre	entretenimientos	medio ambiente	promover
contaminación	explotar	paisaje	respirar

Prefiero vivir en: _____

Ventajas	Desventajas

4   Artículo Lee este artículo sobre la conservación de los recursos naturales y complétalo con las palabras de la lista. Hay una palabra que se repite.

Conservemos nuestros recursos

La comarca de Cibao, en la República Dominicana, quiere promover (*promote*) el 1) _____ del turismo rural a través de una serie de programas de conservación de los 2) _____ de la zona. Especialistas ambientales van a ofrecer talleres (*workshops*) para aprender a 3) _____ la basura y así conservar sus bellos 4) _____ y no 5) _____ el campo con desechos industriales (*industrial waste*). Al enseñar a proteger los árboles y las plantas, este programa también va a 6) _____ a resolver los problemas de 7) _____ del 8) _____. También se enseñará a no 9) _____ y a usar 10) _____ que causan menos daño que la gasolina, como por ejemplo el gasoil y el biodiesel. Este programa de 11) _____ de recursos va a mejorar la zona y atraer más turistas a las áreas rurales.

> bosque lluvioso
> combustibles
> conservación
> contaminar
> contribuir
> deforestación
> desarrollo
> paisajes
> reciclar
> recursos naturales

5   Cierto o falso Indica si estas afirmaciones sobre el artículo anterior son **ciertas** o **falsas**.

Cierto	Falso	
❑	❑	1. El programa de conservación sólo quiere atraer a turistas.
❑	❑	2. Este programa quiere conservar los paisajes.
❑	❑	3. El programa va a ayudar a proteger los bosques lluviosos.
❑	❑	4. Hay un programa para educar sobre productos dañinos.
❑	❑	5. Este programa ayuda a proteger a animales en peligro de extinción.
❑	❑	6. Se ofrece un programa especial sobre energías renovables.

6   Turismo rural Imagina que decides ir a la zona de Cibao para hacer turismo rural. Escribe una postal a tu familia describiendo tus vacaciones, los lugares que has visitado y las actividades que has practicado. Usa al menos seis palabras de la lista.

a orillas de	conservar	medio ambiente
al aire libre	desaparecer	paisaje
bosque	extinguirse	salvaje

_____

_____

_____

_____

_____

ESTRUCTURA

6.1 The future

1 **El futuro** Lee las predicciones de un futurólogo sobre el futuro de una isla caribeña y completa las oraciones con la forma adecuada del futuro de los verbos entre paréntesis.

El futuro no parece muy prometedor para nuestra isla. Un huracán 1) _____ (destruir) muchas partes de la isla y las casas de la costa 2) _____ (desaparecer). Otros desastres naturales 3) _____ (afectar) a la isla. Primero, 4) _____ (haber) una inundación que 5) _____ (arrasar-*to devastate*) la capital. Después, muchas personas 6) _____ (malgastar) el agua porque mucha gente piensa que el agua nunca se 7) _____ (terminar), y esto 8) _____ (provocar) la mayor sequía de la historia de la isla. 9) _____ (perder/nosotros) todos nuestros bosques tropicales porque no 10) _____ (llover). Éste 11) _____ (ser) el futuro aterrador (*terrifying*) de la isla.

2 **Predicciones** Completa esta entrevista con las respuestas que el futurólogo le da a una periodista. Usa oraciones completas y la forma adecuada del futuro de los verbos entre paréntesis.

PERIODISTA Muchas gracias por aceptar esta entrevista. Quiero hacerle unas preguntas. La primera: ¿Qué pasará con los animales de la isla?

FUTURÓLOGO _____ (extinguirse)

PERIODISTA ¿Cómo será el aire?

FUTURÓLOGO _____ (estar)

PERIODISTA ¿Qué harán las autoridades del gobierno?

FUTURÓLOGO _____ (no resolver)

PERIODISTA ¿Y qué pasará con los recursos naturales?

FUTURÓLOGO _____ (agotarse)

3 **Tus predicciones** Piensa en las condiciones medioambientales del lugar donde tú vives y escribe tus propias predicciones sobre estos temas. Usa la forma adecuada del futuro.

árboles	calentamiento global	erosión
basura	capa de ozono	paisaje

1. _____
2. _____
3. _____
4. _____
5. _____
6. _____

4   **Planes sobre el futuro**   Sergio y su novia, Isabel, hablan de su pasado, su presente y su futuro. Indica qué tiempo se usa en cada una de estas oraciones y después cambia las oraciones que se refieren al futuro, siguiendo el modelo.

> **modelo**
>
> Dentro de dos años vamos a tener cuatro hijos.
> Dentro de dos años **tendremos** cuatro hijos.

Pasado	Presente	Futuro	
❑	❑	❑	1. Ahora vivo con mis padres en Santo Domingo.
❑	❑	❑	2. De niño, acampaba en los bosques de la region amazónica del Perú.
❑	❑	❑	3. Van a venir mis padres para conocerte.
❑	❑	❑	4. En nuestra boda va a tocar una banda toda la noche.
❑	❑	❑	5. Encontré un apartamento precioso en la costa de Chile para vivir juntos cuando nos casemos.
❑	❑	❑	6. Nunca voy a dejar de quererte.
❑	❑	❑	7. Juntos vamos a ser muy felices.

_____

_____

_____

_____

5   **El futuro**   Completa estas oraciones con tu opinión sobre lo que pasará si no cuidamos nuestro planeta. Luego piensa en posibles soluciones para los tres problemas que consideres más graves.

Problemas:

1. Si no reducimos el consumo de energía, _____.

2. Si no conservamos el agua, _____.

3. Si no protegemos a los animales, _____.

4. Si desforestamos los bosques, _____.

5. Si agotamos los recursos naturales, _____.

6. Si cazamos indiscriminadamente, _____.

7. Si desaparecen los arrecifes, _____.

8. Si no reciclamos, _____.

Soluciones:

_____

_____

_____

6.2 The subjunctive in adverbial clauses

1 **¿Cuál es?** Elige la conjunción adecuada para completar cada oración relacionada con la ecología.

1. _____ (Aunque/Para que) contaminemos menos, el calentamiento global continúa siendo un tema preocupante.

2. _____ (Tan pronto como/En caso de que) llueva, se reducirá el problema de la sequía.

3. Debemos cuidar los bosques _____ (en cuanto/para que) no se extingan los animales.

4. No se podrá cazar animales _____ (en caso de que/sin que) sean especies protegidas.

5. Empezaremos los programas de reciclaje _____ (en cuanto/aunque) terminen las inundaciones.

6. _____ (Con tal de que/Antes de que) nos demos cuenta, la capa de ozono desaparecerá.

2 **Preocupaciones ecológicas** Completa estas oraciones con el subjuntivo o el indicativo de los verbos entre paréntesis, según el contexto.

1. Tenemos que conservar agua aunque _____ (haber) suficiente agua ahora.

2. Cuando _____ (desaparecer) los bosques, se pierden muchas especies.

3. La gente se preocupará por el calentamiento de la tierra cuando _____ (ser) demasiado tarde.

4. Los carros seguirán contaminando hasta que nosotros _____ (encontrar) mejores combustibles alternativos.

5. Las especies en peligro de extinción comienzan a recuperarse tan pronto como nosotros _____ (hacer) algo para protegerlas.

6. Los recursos naturales se agotarán a menos que todas las personas del planeta los _____ (conservar).

3 **Peligros y precauciones** Escribe oraciones lógicas con las conjunciones dadas y las palabras de la lista.

atrapar	extinguirse	paisaje
cazar	león	tierra
conejo	morder	venenoso

1. A menos que _____

_____

2. Con tal de que _____

_____

3. Antes de que _____

_____

4. En caso de que _____

_____

Lección 6 Workbook **65**

4 **Planes para el medio ambiente** Completa las respuestas que da la Ministra de Medio Ambiente de Puerto Rico en una conferencia de prensa. Usa las claves que se dan entre paréntesis.

1. ¿Qué hará por el medio ambiente antes de que termine su mandato (*term of office*)?
   (Antes de que) _____

2. ¿Qué proyectos planea hacer con todos los partidos políticos?
   (Luego que/reunirme con ellos) _____

3. ¿Con qué asociaciones ecológicas trabajará?
   (En cuanto/hablar con asociaciones locales) _____

4. ¿Hasta cuándo cree que serán necesarios sus programas de educación ambiental?
   (Serán necesarios hasta que el público) _____

5. ¿Qué está dispuesta a hacer (*willing to do*)?
   (Con tal de que/respetarse la naturaleza) _____

6. ¿Quién continuará su trabajo por el medio ambiente cuando termine su gobierno?
   (Después de que/yo/irme) _____

5 **Campaña electoral** La Ministra de Medio Ambiente de Puerto Rico quiere continuar en su trabajo de ministra. Escribe un discurso convincente que la ayude a obtener el apoyo del público.

A. Para preparar el discurso, haz una lista de cinco proyectos ambientalistas y explica por qué son relevantes.

_____
_____
_____
_____
_____
_____

B. Escribe el discurso con las ideas de la lista anterior. Expande las ideas usando al menos cinco expresiones de esta lista.

a menos que	cuando	para que	sin que
a pesar de que	en cuanto	siempre que	tan pronto como

_____
_____
_____
_____
_____
_____
_____
_____
_____

6.3 Prepositions: *a, hacia,* and *con*

1 **¡Hay que ver el documental!** Empareja las columnas para formar oraciones lógicas.

_____ 1. El documental de televisión sobre
los arrecifes empieza

_____ 2. No quiero llegar tarde a casa. Le prometí

_____ 3. Entonces tenemos que caminar ya

_____ 4. Este parque está

_____ 5. Calculo que llegaremos a casa

_____ 6. ¡Qué tarde! Voy a llamar

_____ 7. Afortunadamente es muy fácil
comunicarse; siempre salgo de casa

a. a Diana para pedirle que grabe (*record*) el
documental en video porque llegaré tarde.

b. hacia las nueve y cuarto.

c. con mi teléfono celular.

d. a una milla de mi casa.

e. hacia la salida del parque.

f. a las nueve en punto.

g. a Diana que íbamos a llegar a tiempo.

2 **Completar** Completa las oraciones con la preposición **a** según corresponda. Si no es necesario usar **a**, escribe una X.

1. ¿Viste _____ las montañas? ¡Son preciosas!

2. _____ mis amigos no les gusta acampar.

3. Este manual explica _____ cómo conservar los recursos naturales.

4. No conozco _____ nadie que no recicle la basura inorgánica.

5. Para ahorrar combustible, voy _____ conducir menos.

6. Siempre le digo _____ Johnny que no use tanta agua.

7. Buscamos _____ estudiantes para la campaña ecológica.

8. ¿Quieren vivir en una ciudad llena de basura? ¿No? Pues, ¡ _____ reciclar!

3 **Oraciones** Combina los elementos para formar oraciones lógicas. En cada una debes usar las preposiciones **a, con** o **hacia** por lo menos una vez. Haz los cambios necesarios.

1. nosotros / necesitar / ciudadanos responsables / para trabajar / nosotros

_____

2. yo / no gustar / tu actitud negativa / los animales

_____

3. mi interés / la naturaleza / empezar / los años noventa

_____

4. Aguayo / dar de comer / su pez / todos los días

_____

5. tú / querer / hablar / tu novia / sobre la idea de adoptar / un perro

_____

6. ayer / la lluvia / caer / mucha fuerza / todo el día

_____

7. yo / preguntar / Ana / qué hora / llegar / casa / anoche

_____

8. ayer / él / explicar / todos / muchos detalles / las consecuencias de la deforestación

_____

Workbook

4 Reunión Completa esta conversación entre el alcalde (*mayor*) de Río Piedras, Puerto Rico, y el presidente de una organización ecologista.

con nosotros	con ustedes	con él
con	conmigo	con ellos

ALCALDE Debemos buscar una solución para terminar 1) _____ el problema de la caza. 2) _____ tanta caza, los animales del bosque van a desaparecer.

ECOLOGISTA Nosotros queremos hablar con los cazadores, pero ellos no quieren reunirse 3) _____.

ALCALDE 4) _____ esa actitud de no querer reunirse, es difícil que ellos colaboren 5) _____. Intentaré llegar a un acuerdo 6) _____. Seguro que ellos sí quieren hablar 7) _____. Llamaré a mi cuñado, él es cazador y 8) _____ se puede hablar 9) _____ más confianza.

ECOLOGISTA Gracias, señor Alcalde. Cuente 10) _____ para lo que necesite.

5 Conversación Escribe la conversación que el alcalde de Río Piedras tuvo con su cuñado el cazador. Usa al menos seis expresiones de la lista.

a los animales	a nadie	con cuidado	con nosotros
a los cazadores	con	con ellos	hacia el bosque

_____
_____
_____
_____
_____
_____
_____
_____
_____
_____
_____
_____
_____
_____

MANUAL DE GRAMÁTICA

6.4 Adverbs

1 **Adverbios** Escribe adverbios derivados de estos adjetivos.

1. básico _____   5. feliz _____

2. común _____   6. honesto _____

3. enorme _____   7. inmediato _____

4. fácil _____   8. rápido _____

2 **Sustituir** Sustituye las expresiones subrayadas por los adverbios terminados en **-mente**.

1. Los cazadores de Río Piedras hablaron con el alcalde <u>con tranquilidad</u>. _____

2. El incendio se apagó <u>con mucha rapidez</u>. _____

3. Los ecologistas trataron el problema de la capa de ozono <u>con habilidad</u>. _____

4. El bosque está desapareciendo <u>con lentitud</u>. _____

5. Los ecologistas piden colaboración a las autoridades <u>con insistencia</u>. _____

6. Se aconseja no usar materiales desechables <u>a diario</u>. _____

3 **Consejos medioambientales** Escribe los consejos que todos deberíamos seguir para contribuir a la conservación de los recursos naturales. Usa al menos seis adverbios y frases adverbiales de la lista.

a menudo	así
a tiempo	casi
a veces	de vez en cuando
apenas	por fin

_____

_____

_____

_____

_____

_____

_____

_____

_____

_____

Workbook

Workbook

LECTURA

1

Antes de leer ¿Existen animales en peligro de extinción en tu país? ¿Se hace algo para protegerlos?

_____

_____

Las islas Galápagos

La fauna de Hispanoamérica es de una riqueza extraordinaria. Lamentablemente, algunas especies animales están en peligro de extinción a causa de la caza y pesca indiscriminadas, la creciente deforestación y, por supuesto, la contaminación. Sin embargo, todavía se pueden encontrar paraísos en los que la naturaleza se ha salvado de la mano contaminadora del hombre.

En el océano Pacífico, a unos 1.000 kilómetros del Ecuador, se encuentra uno de los ecosistemas más extraordinarios del planeta. Se trata de las islas Galápagos, un archipiélago compuesto por 125 islas e islotes. Su origen volcánico le confiere al paisaje un aspecto de lugar encantado. Pero no es esta cualidad lo que atrae a los visitantes e investigadores, sino las maravillosas especies animales de estas islas.

El nombre del archipiélago proviene de la gran cantidad de tortugas gigantes que habitan allí, llamadas galápagos, y que son únicas en todo el planeta. Las islas Galápagos son un paraíso no sólo para estas tortugas, sino para muchas otras especies animales protegidas, como las iguanas marinas, los piqueros°, las fragatas°, los leones marinos, entre otras muchas especies de reptiles, aves y mamíferos. En 1835, Charles Darwin concibió su teoría de la evolución en estas islas, inspirado en la singularidad de las especies que encontró.

Debido al escaso° contacto que han tenido con el hombre, muchos de los animales del archipiélago no les tienen miedo a los visitantes y se acercan a ellos movidos por la curiosidad. Por ello, y para proteger el medio ambiente, hace unos años se limitó el número de turistas que puede visitar las islas anualmente. A pesar de ésta y otras medidas que se han tomado, algunas de las especies que viven en este ecosistema se encuentran actualmente en peligro de extinción.

piqueros *blue-footed boobie* **fragatas** *frigatebird* **escaso** *limited*

2

Después de leer Completa estas oraciones con la opción correcta.

1. Algunas especies están en peligro de extinción debido a la caza y la pesca indiscriminadas y _____.

   a. la deforestación y
   la contaminación

   b. la deforestación y
   los incendios

   c. la contaminación y
   los terremotos

2. Las islas Galápagos están en _____.

   a. el mar Caribe

   b. el océano Atlántico

   c. el océano Pacífico

3. El nombre de las islas proviene de una especie de _____ que vive allí.

   a. lagarto gigante

   b. tortuga gigante

   c. ballena

4. En las islas Galápagos se ha limitado el número de _____ al año, para proteger su medio natural.

   a. visitantes

   b. aves

   c. especies

COMPOSICIÓN

Imagina que perteneces a una organización ambiental que trabaja en una campaña de sensibilización (*awareness*) para la protección de espacios naturales. Tú eres el/la encargado/a de escribir un folleto informativo.

PREPARACIÓN

Escribe una lista de los lugares que planeas proteger. Puedes buscar información en las lecturas del libro de texto. Luego escribe otra lista para indicar lo que quieres proteger (animales, plantas, bosques, etc.). Por último, da consejos a los visitantes para que colaboren en la protección de los lugares que seleccionaste.

Dónde proteger	Qué proteger	Consejos y recomendaciones

COMPOSICIÓN

Escribe un folleto informativo para tu campaña de sensibilización.

- Incluye un eslogan o una cita sobre el medio ambiente para captar la atención del lector.
- Describe el lugar que quieres proteger. Explica dónde está, qué atracciones turísticas naturales tiene, etc. Debes elegir dos o tres espacios naturales.
- Describe qué se necesita proteger en particular y por qué. Usa la información de los artículos del libro de texto y de la lectura de la página anterior.
- Escribe tres consejos prácticos para que todos los visitantes puedan colaborar en la conservación de esos espacios naturales.

_____

_____

_____

_____

_____

_____

_____

_____

_____

_____

_____

Workbook

Lección 6 Workbook

CONTEXTOS

Lección 7
La tecnología y la ciencia

1 **Nuestra ciencia** *Nuestra ciencia* es una revista de divulgación científica. Éstas son las fotos y los títulos de los artículos que se van a publicar en el próximo número. Indica con qué título se corresponde cada foto. Hay un título que no lleva foto.

a.   b.    c.    d.    e.

_____ 1. La oveja Dolly y la ética de la clonación

_____ 2. La nave Ariane desafía al mundo: aterrizará en un planeta desconocido hasta ahora

_____ 3. La informática y las respuestas para el futuro

_____ 4. Nuevas claves sobre la teoría de la relatividad

_____ 5. Innovadores estudios sobre las estrellas y los agujeros negros

_____ 6. Intrigante descubrimiento sobre el desarrollo de las células

2 **Un epígrafe para las fotos** Un epígrafe es una descripción breve que suele acompañar una foto. Completa los siguientes epígrafes con las palabras de la lista. Haz los cambios que sean necesarios.

clonado	estrella fugaz	reproductor de DVD
computadoras portátiles	investigar	telescopio

1. _____ son cada vez más pequeñas y ligeras.

2. Todo está preparado para el lanzamiento (*launching*) del mayor _____ de la Tierra. Con él se podrán ver partes del espacio nunca antes vistas.

3. El primer animal _____ que sobrevivió fue una oveja.

4. Para ver películas vas a necesitar _____.

5. ¿Por qué la gente pide un deseo cuando ve _____?

6. Todavía queda mucho por _____ en la superficie de la Luna.

3 **Definiciones** Empareja las palabras con sus definiciones.

_____ 1. la patente

_____ 2. la contraseña

_____ 3. el extraterrestre

_____ 4. el ovni

_____ 5. el gen

a. palabra o serie de letras y/o números que da acceso a una computadora

b. partícula formada por el ADN, que se encuentra en el núcleo de las células y que determina la herencia

c. documento que reconoce a alguien como autor de un invento

d. objeto volador no identificado

e. habitante de un planeta que no sea la Tierra

4 **Los subtítulos** Completa estos subtítulos, que expanden los títulos principales de la **actividad 1**, con las palabras de la lista.

avance	descubrimiento	formuló	innovadoras
científico	especializado	inalámbricas	transbordador espacial

1. Un _____ argentino ha hecho un _____ significativo que puede ayudar a encontrar una cura para el mal de Alzheimer.
2. El científico peruano Luis Ybarra, _____ en dinosaurios, _____ una teoría acerca del origen de las aves.
3. Las fotos tomadas desde el _____ mostraron que la superficie de la Luna tiene montañas y cráteres.
4. Nuevas técnicas _____ prometen mayor seguridad para las conexiones _____.

5 **Noticia de última hora** Imagina que eres periodista y acabas de recibir información sobre un ovni. Escribe un breve artículo periodístico usando las palabras de la lista.

comprobar	extraterrestres	investigar
descubrimiento	gravedad	transbordador espacial

POSIBLE OVNI EN TIERRAS ARGENTINAS

En la mañana del lunes, se ha visto un objeto volador no identificado en las afueras de Buenos Aires, Argentina. Astrónomos y especialistas están observando el ovni con potentes telescopios…

_____

_____

_____

_____

_____

_____

6 **Entrevista** Escribe las respuestas a las preguntas que un(a) periodista le hizo al astrónomo que descubrió el objeto volador no identificado.

PERIODISTA ¿Qué estaba haciendo cuando vio por primera vez el objeto volador?
ASTRÓNOMO _____

PERIODISTA ¿Qué pensó que era al principio?
ASTRÓNOMO _____

PERIODISTA ¿Cuál fue su primera reacción?
ASTRÓNOMO _____

PERIODISTA ¿Qué opina el gobierno argentino de este descubrimiento?
ASTRÓNOMO _____

PERIODISTA ¿Cuál es su teoría en cuanto a este suceso? ¿Cuál será el siguiente paso?
ASTRÓNOMO _____

ESTRUCTURA

7.1 The present perfect

1 **Crucigrama** Completa el crucigrama con los participios de estos verbos.

Horizontales

3. poner
4. volver
6. descubrir
7. ver
8. morir

Verticales

1. romper
2. hacer
5. escribir

2 **¿Problemas técnicos?** Completa la conversación entre un profesor de informática y un(a) estudiante. Usa la forma correcta del pretérito perfecto y el participio como adjetivo.

ESTUDIANTE Profesor, esta computadora está 1) _____ (romper).

PROFESOR ¡Imposible! La 2) _____ (comprar) hace una semana. Ah, mira... ¿cómo va a funcionar si no la 3) _____ (encender)?

ESTUDIANTE Ah, ahora ya está 4) _____ (encender) pero no pasa nada.

PROFESOR ¡Es que todavía no 5) _____ (escribir) tu contraseña!

ESTUDIANTE Lo que pasa es que 6) _____ (perder) mi contraseña; no la recuerdo y no se dónde la 7) _____ (guardar).

PROFESOR Está bien, usa mi portátil y entra en la página web de la escuela, como les 8) _____ (decir) a tus compañeros.

ESTUDIANTE Perdón, pero no 9) _____ (entender) las instrucciones.

PROFESOR ¿Ya estás 10) _____ (conectar) a Internet?

ESTUDIANTE Sí, pero no 11) _____ (encontrar) la página web.

PROFESOR Continuaremos mañana porque la clase se 12) _____ (terminar), ¡y mi paciencia también!

3 **¿Qué han hecho?** Combina estos elementos para formar oraciones completas. Usa el pretérito perfecto y haz los cambios necesarios.

> *modelo*
>
> yo/comprar/teléfono celular nuevo
> Yo he comprado un teléfono celular nuevo.

1. nosotros/navegar/descargar/programas en la red

_____

2. matemáticos/descubrir/fórmula revolucionaria

_____

3. astrónoma/observar/cometa/horas

_____

4. usted/realizar/avances/investigación

_____

5. ingeniera/patentar/descubrimiento

_____

6. tú/enviar/mensaje electrónico

_____

4 **Encuesta** Una revista de informática de la Argentina hizo una encuesta entre 100 usuarios de Internet. Estudia los resultados de la encuesta y escribe un informe sobre los resultados. Usa el pretérito perfecto en tu informe.

Preguntas	Frecuencia			
	Nunca	En los últimos 6 meses	En la última semana	En las últimas 4 horas
1. usar una computadora portátil	2	68	20	10
2. navegar en la red	1	7	12	80
3. descargar programas de computación	70	25	15	0
4. escuchar música en la computadora	10	30	50	10
5. ver DVD en la computadora	10	80	8	2
6. enviar mensajes de texto desde la computadora a teléfonos celulares	90	6	3	1
7. escribir en su propio *blog*	95	1	4	0
8. eliminar el correo basura (*junk e-mail*) de la casilla de correo	70	5	25	0

La mayoría de los encuestados ha respondido que... _____

_____

_____

_____

_____

7.2 The past perfect

1 **Oraciones incompletas** Completa con la forma correcta del pluscuamperfecto de los verbos entre paréntesis.

1. Antes de clonar a Dolly, los investigadores _____ (hacer) muchas pruebas.
2. Los astronautas ya _____ (visitar) la Luna, cuando ellos fueron a Marte.
3. Ayer vi una estrella fugaz. Nunca antes _____ (ver) una estrella por un telescopio.
4. Hasta ahora no _____ (inventarse) teléfonos con cámara de fotos y de video.
5. ¡Acabo de perder un archivo adjunto y no lo _____ (guardar)!
6. Los ingenieros querían patentar su último invento, pero todavía no _____ (comprobar) si funcionaba.

2 **El mundo de las computadoras** Reescribe estas oraciones usando el pluscuamperfecto. Sigue el modelo.

> **modelo**
> Hace una hora envié un mensaje electrónico. Usé el corrector ortográfico antes de enviarlo.
> *Ya había usado el corrector ortográfico cuando envié el mensaje electrónico.*

1. Recibí tu mensaje de texto a las 5:00. Terminé de descargar los programas a las 4:30.

   _____

2. Borré los archivos. Me llamaron a mi celular cinco minutos más tarde para pedírmelos.

   _____

3. Guardé los archivos adjuntos. Mi computadora se rompió poco después.

   _____

4. Tomé tres cursos de informática el año pasado. Compré esta computadora anteayer.

   _____

5. Adjunté unas fotos al correo electrónico. Perdí la conexión unos minutos después.

   _____

3 **¿Por qué?** Lee esta historia y responde estas preguntas usando el pluscuamperfecto del verbo subrayado.

Los socios del club de astronomía <u>observaron</u> el cielo de La Pampa argentina por horas y finalmente vieron un objeto volador no identificado. La última vez que los socios del club <u>vieron</u> algo extraño en el cielo fue hace tres años y los investigadores no <u>vinieron</u>. Por eso, no querían llamar a los investigadores. La explicación de los investigadores fue que no podían responder a los llamados de todos los aficionados a la astronomía porque muchas veces <u>eran</u> falsas alarmas y ellos estaban ocupados con proyectos muy importantes.

1. ¿Por qué vieron el ovni? _____

2. ¿Es ésta la primera vez que los socios del club ven objetos en el cielo? _____

   _____

3. ¿Por qué no querían llamar a los investigadores? _____

   _____

4. ¿Por qué los investigadores decían que no podían responder a todos los llamados de los aficionados?

   _____

4 **Te presto mi computadora** Completa la conversación entre Carla y Esteban sobre los problemas que tiene Esteban con su computadora. Usa la forma correcta del pretérito perfecto o el pluscuamperfecto.

CARLA ¿Ya te 1) _____ (comprar) una computadora nueva?

ESTEBAN No, cuando fui a la tienda la oferta ya 2) _____ (terminarse) y no tengo mucho dinero ahora.

CARLA Cuando yo compré la mía, la semana pasada, el vendedor me dijo que ya 3) _____ (vender) más de cincuenta computadoras portátiles.

ESTEBAN ¡Qué lástima! No 4) _____ (poder) ir antes porque 5) _____ (tener) demasiado trabajo.

CARLA ¿6) _____ (escribir) ya el informe para tu clase de biología?

ESTEBAN Sí, me reuní con mi grupo ayer, pero todavía no 7) _____ (presentar) el informe. Y mi vieja computadora 8) _____ (romperse) otra vez. Nunca me 9) _____ (fallar) antes, pero últimamente no 10) _____ (parar) de darme problemas.

CARLA Te puedo prestar la mía, prácticamente no la 11) _____ (usar) en las últimas dos semanas y no creo que la necesite hoy.

5 **Pasado y presente** Piensa en avances científicos que tuvieron lugar antes de que nacieras y en avances que se han realizado en los últimos años. Escribe por lo menos ocho oraciones sobre los avances y descubrimientos más importantes. Usa el pluscuamperfecto, el pretérito perfecto y participios como adjetivos. Puedes usar los verbos de la lista u otros.

crear	escribir	hacer	investigar	poner
descubrir	fabricar	inventar	morir	resolver

modelo

Cuando yo nací, ya *habían descubierto* la penicilina.

Últimamente, los científicos *han hecho* muchos descubrimientos sobre las causas de enfermedades graves.

Las vacunas *descubiertas* por los científicos han ayudado a curar muchas enfermedades.

_____

_____

_____

_____

_____

_____

_____

_____

_____

7.3 Diminutives and augmentatives

1 **Revista para niños** Juan, un editor de publicaciones infantiles, está buscando un nombre para una nueva revista de temas científicos para niños. Mira estos posibles títulos y reemplaza las palabras subrayadas con diminutivos.

1. <u>Inventos</u> del mundo _____
2. Ciencia para los <u>pequeños</u> _____
3. <u>Cerebros</u> en acción _____
4. Ciencia para los más <u>jóvenes</u> _____
5. <u>Fábrica</u> de ideas _____
6. <u>Amigos</u> de la ciencia _____
7. <u>Científicos</u> _____
8. La <u>voz</u> de la ciencia _____

2 **Oraciones incompletas** Escribe el aumentativo que corresponde a las descripciones entre paréntesis.

1. Ayer los científicos descubrieron un _____ (agujero enorme) en la capa de ozono.

2. ¿Por qué no les gusta a los profesores que los estudiantes digan _____ (palabras feas y desagradables)?

3. Antes, hombres, mujeres y niños dormían con un _____ (camisa grande y larga).

4. Publicaron un _____ (artículo muy largo) en la revista *Facetas*.

5. El Halley es un cometa _____ (muy grande).

6. Antonio Zubizarreta es un científico que tiene una _____ (cabeza grande) para resolver problemas matemáticos.

7. Juan tiene una _____ (boca grande) y siempre revela (*makes public*) demasiado pronto los resultados de sus investigaciones.

8. Félix Vázquez es un científico con un _____ (cerebro grande) para investigar la cura de enfermedades.

3 **¿Diminutivo o aumentativo?** Clasifica estas palabras en diminutivos o aumentativos. Luego escribe la palabra original para cada una de ellas.

bocaza	casona	chiquillo	golpazo
cabezón	cerebrito	codazo	hermanito
campanilla	cerquita	cucharilla	solterón

Diminutivos	Aumentativos
abuelita/abuela	

4 Sopa de letras Busca el diminutivo o el aumentativo de estas palabras.

libro	poco
manos	rodilla
pan	ventana

```
O  Q  P  J  T  A  J  O  O  G
M  Z  J  O  O  K  L  S  S  O
T  J  A  K  Q  L  Y  A  V  T
O  F  H  L  I  U  T  I  L  I
I  E  O  R  L  M  I  K  S  C
C  M  B  N  E  I  K  T  X  E
Q  I  X  D  D  W  D  Q  O  N
L  X  Z  D  Q  X  I  O  D  A
M  A  N  I  T  A  S  U  R  P
A  L  L  I  N  A  T  N  E  V
```

5 Una pequeña gran historia Lee el comienzo de esta historia y reemplaza los dimininutivos con aumentativos y los aumentativos con diminutivos. Luego escribe un final para la historia usando al menos cuatro diminutivos y cuatro aumentativos más, formados a partir de algunas de las palabras de la lista.

agua	avión	chico	mano
ahora	cerca	estrella	planeta
amigo	cohete	luz	taza

A María siempre le había interesado la ciencia y le encantaba leer (libritos) _____ dificilísimos. Siempre decía: "Cuando sea (grandecita) _____ voy a ser inventora". En el fondo de su (casona) _____ había un (cuartote) _____ donde María hacía muchos experimentos. Cuando terminó la escuela secundaria, _____

_____

_____

_____

MANUAL DE GRAMÁTICA

7.4 Expressions of time with *hacer*

1 **Avances científicos** Completa las oraciones utilizando expresiones de tiempo con **hacer** y el pretérito. Añade los elementos necesarios.

> **modelo**
>
> ingenieros/patentar el invento/dos años
> *Los ingenieros patentaron el invento hace dos años.*

1. yo/descargar el programa/quince minutos _____
2. astronauta/descubrir un planeta nuevo/varios años _____
3. biólogos/investigar sobre plantas acuáticas/cinco años _____
4. químicos/hacer un descubrimiento revolucionario/un año _____
5. teléfonos celulares con cámara/inventarse/varios años _____

2 **Problemas con el correo electrónico** Aguayo no recibió el mensaje que le mandó Diana. Completa la conversación con las palabras de la lista. Vas a usar algunas de las palabras más de una vez.

cuánto	que	hace	hacía	desde

AGUAYO ¿1) _____ tiempo 2) _____ que me enviaste ese mensaje electrónico?

DIANA Mmm...3) _____ por lo menos tres horas.

AGUAYO 4) _____ dos minutos 5) _____ he revisado mi correo y no está ahí.

DIANA He trabajado en esta oficina 6) _____ hace siete años y nunca he visto nada igual. ¿Estás seguro de que no lo has borrado?

AGUAYO No, no he borrado ningún mensaje desde 7) _____ meses. Envíamelo otra vez, por favor.

DIANA ¡Ay! Pues yo guardaba todos mis mensajes desde 8) _____ siete años, pero esta mañana los he borrado todos.

3 **Preguntas** Responde estas preguntas sobre la actividad anterior con oraciones completas. Usa expresiones de tiempo con **hacer**.

1. ¿Cuánto tiempo hace que Diana le envió el mensaje a Aguayo?

   _____

2. ¿Cuánto tiempo hace que Aguayo no mira su correo electrónico?

   _____

3. ¿Desde hace cuánto tiempo trabaja Diana en *Facetas*?

   _____

4. ¿Cuánto tiempo hace que Aguayo no borra ningún mensaje de su correo electrónico?

   _____

5. ¿Desde hacía cuánto tiempo Diana guardaba sus mensajes?

   _____

LECTURA

1 **Antes de leer** ¿Tienes familiares o amigos que viven lejos? ¿Cómo te comunicas con ellos?

_____
_____
_____

Internet en el mundo hispanohablante

Internet ha cambiado nuestras vidas, de eso no hay duda. Las ventajas son muchas: ha mejorado la educación a distancia, da acceso rápido a información y ofrece posibilidades de trabajar y comprar desde el hogar. No hay que olvidar, sin embargo, que el uso de Internet no está establecido en todos los países de la misma forma. Los internautas latinos representan solamente el 5,5% del total en el mundo, después de Europa, Asia y Norteamérica.

Aunque el porcentaje parece pequeño, se han registrado muchos avances en el acceso a las computadoras y a Internet por parte de los hispanohablantes. De hecho, el número de dueños de computadoras en los países hispanos está creciendo a buen ritmo. Por ejemplo, en el año 2001, las ventas de computadoras personales habían bajado en todo el mundo a excepción de Hispanoamérica, donde ascendieron un 10%. Según algunas estadísticas, en el 2005 había 25 millones de latinos conectados a la Red y se calcula que el número de latinos internautas alcanzará los 65 millones en un par de años.

Por otra parte, aunque las ventas por Internet son cada vez más comunes en Estados Unidos, en Hispanoamérica no están teniendo el mismo crecimiento°. El problema es la falta de credibilidad en la tecnología, por parte de los vendedores, y la falta de credibilidad en los sistemas de crédito, por parte de los compradores, quienes en muchos casos tienen miedo de ser víctimas de robo de identidad si realizan transacciones por Internet. Sin embargo, se espera que esta situación mejore poco a poco.

Los analistas más optimistas sostienen que es muy posible que próximamente el nivel de acceso a Internet en Latinoamérica sea tan común como lo es actualmente en Estados Unidos.

el crecimiento *growth*

2 **Después de leer**

A. Cierto o falso Indica si estas afirmaciones son **ciertas** o **falsas.**

Cierto	Falso	
❑	❑	1. El 5,5% de los internautas del mundo son latinos.
❑	❑	2. El número de personas que tienen computadoras en los países hispanos no ha crecido desde el año 2001.
❑	❑	3. En el año 2001, las ventas de computadoras en los países hispanos ascendieron un 15%.
❑	❑	4. Los vendedores tienen miedo de ser víctimas de robo de identidad.
❑	❑	5. Según el artículo, es posible que Estados Unidos y Latinoamérica tengan el mismo nivel de acceso a Internet en el futuro.

B. ¿Y tú? ¿Para qué usas Internet? ¿Realizas compras por Internet? ¿Por qué?

_____
_____
_____
_____

COMPOSICIÓN

Imagina que estás trabajando en una campaña publicitaria para una compañía de telecomunicaciones. Escribe un folleto publicitario explicando las diferentes posibilidades para comunicarse con los familiares que están lejos.

PREPARACIÓN

Escribe una lista de los diferentes servicios que ofrece tu compañía (Internet, telefonía fija, teléfonos celulares, televisión por satélite, etc.). Luego piensa en las diferentes posibilidades que ofrecen esos productos (teléfonos celulares: mensajes de texto, envío de fotos, etc.). Puedes buscar información en la lectura de la página anterior y en los apuntes culturales de la **Lección 7**.

Servicios y productos	Posibilidades

COMPOSICIÓN

Escribe un folleto publicitario para dar a conocer los servicios de tu compañía a la población hispanohablante de tu comunidad.

- Describe el servicio y los productos que ese servicio requiere (computadora, teléfono fijo, antena parabólica, etc.).
- Explica las posibilidades y beneficios de estos productos y servicios (enviar correo electrónico, comunicarse a través de imágenes, etc.).
- Incluye otra información, como precio, duración de la instalación, promociones especiales, etc.
- Termina tu folleto con la información de contacto para solicitar esos productos y servicios (número de teléfono, página web, etc.).

_____

_____

_____

_____

_____

_____

_____

_____

Workbook

CONTEXTOS

Lección 8
La economía y el trabajo

1 **Analogías** Completa cada analogía con la palabra adecuada.

1. contratar : despedir :: solicitar: _____
2. empleo : desempleo :: ganar bien: _____
3. pobreza : riqueza :: exportar: _____
4. ahorrar : gastar :: exitoso: _____
5. conferencia : reunión :: compañía: _____
6. contratar : puesto de trabajo :: ascender: _____

2 **Diálogos en Blas y Cía.** Completa las conversaciones sobre situaciones laborales en la empresa Blas y Cía. con las palabras de la lista.

aumento	contrato	puesto	sindicato
compañía	dueña de la empresa	reunión	sueldo mínimo

CONVERSACIÓN 1

—Señor Domínguez, el 1) _____ está planeando una 2) _____ para el próximo martes.

—¿Cuál es el problema ahora?

—Trabajamos demasiado y tan sólo por un 3) _____. Queremos un 4) _____ de sueldo por trabajar en estas condiciones.

—Bien, lo discutiré con la 5) _____.

CONVERSACIÓN 2

—Señorita Rodríguez, su currículum es impresionante. Sus estudios y experiencia son adecuados para nuestra 6) _____. El 7) _____ es suyo. ¿Puede comenzar a trabajar el lunes próximo?

—¡Claro que sí!

—Entonces, sólo tiene que firmar el 8) _____.

3 **¡Felicitaciones!** En Fernández y Compañía un empleado, el señor Ferrari, está muy contento. Ordena la conversación del uno al diez para saber por qué está tan feliz.

_____ a. Me alegro porque usted también ha sido ascendido.

__1__ b. Señor Pardo, me dijo su socio que usted quiere hablar conmigo.

_____ c. ¡Felicitaciones, señor Ferrari! Ahora vaya a descansar porque mañana lo espera un largo día.

_____ d. Quiero felicitarlo por ese proyecto, señor Ferrari. Fue aprobado por los ejecutivos de la empresa.

_____ e. Gracias. ¿Quiere hablarme sobre el proyecto que le presenté a la compañía?

_____ f. ¡Ésa es una excelente noticia! ¿Les gustó a todos los ejecutivos?

_____ g. ¡Ésa es otra excelente noticia, señor Pardo!

_____ h. A todos, sin excepción. Creemos que el proyecto será un éxito y queremos que comience a trabajar en esto mañana mismo. ¿Está de acuerdo?

_____ i. ¡Sí, por supuesto!

_____ j. Así es, señor Ferrari. Pase y tome asiento, por favor.

4   **Huelga mundial de mujeres** Completa este párrafo sobre una huelga de mujeres con las palabras de la lista.

exigir	huelga	riqueza
exitosos	pobreza	sueldo

La Huelga Mundial de Mujeres nace en 1999 cuando las mujeres irlandesas deciden convocar una 1) _____ general y piden el respaldo de la Campaña Internacional por el Salario para el Trabajo del Hogar. Las mujeres de todo el mundo se han movilizado para 2) _____ el reconocimiento del trabajo sin 3) _____ que hacen en sus hogares, para luchar por la igualdad salarial y para combatir la 4) _____, la explotación y todo tipo de discriminación. La campaña ha tenido resultados 5) _____: ha reunido a mujeres en más de sesenta países y ha formado una red internacional de coordinadoras de la huelga.

En la actualidad, las mujeres en Venezuela han logrado que el Artículo 88 de la Constitución reconozca al trabajo del hogar como actividad económica que produce 6) _____ y bienestar social, y que le da derecho (*rights*) a las amas de casa (*housewives*) a la seguridad social.

5   **Peticiones** Escribe la lista de peticiones que las mujeres de Venezuela pudieron haber hecho al gobierno de su país. Usa oraciones completas.

1. Contratos: *Queremos que nuestros contratos sean justos.* _____
2. Puestos de trabajo: _____
3. Situación de la mujer: _____
4. Sueldo mínimo: _____
5. Horario de trabajo: _____

6   **Carta** Imagina que perteneces a una asociación que lucha por los derechos civiles de la mujer venezolana. Escribe una carta al gobierno venezolano pidiendo el reconocimiento del trabajo en el hogar y el derecho a la igualdad en el mundo laboral. Usa al menos ocho palabras de la lista.

aumento de sueldo	contrato	fijo	sindicato
capaz	empleado	ganar bien	solicitar
cobrar	empleo	puesto	sueldo mínimo

_____
_____
_____
_____
_____
_____
_____
_____

ESTRUCTURA

8.1 The conditional

1 **Entrevista** Completa esta conversación sobre un puesto de trabajo con la forma correcta del condicional de los verbos entre paréntesis.

CANDIDATO Si yo pudiera formar parte de esta empresa 1) _____ (estar) dispuesto a todo.

GERENTE Pero, sin experiencia, usted no 2) _____ (poder) ocupar el puesto de trabajo que solicita en nuestra compañía.

CANDIDATO No me 3) _____ (importar) trabajar en cualquier otro puesto, incluso 4) _____ (trabajar) por el sueldo mínimo. También 5) _____ (estudiar) para poder ascender.

GERENTE 6) _____ (tener) que consultarlo con el asesor y la dueña de la empresa. Creo que usted 7) _____ (ser) un buen vendedor algún día; parece una persona muy capaz.

CANDIDATO Muchísimas gracias. Me 8) _____ (encantar) ser vendedor y algún día 9) _____ (poder) llegar al puesto de contador o gerente.

GERENTE 10) _____ (valer) la pena intentarlo. Es usted un joven con mucho talento y entusiasmo y creo que puede tener un gran futuro en esta empresa.

2 **Las responsabilidades de Mario** Mario, el candidato de la actividad anterior, se reúne con el asesor de la empresa, quien le informa sobre las responsabilidades que tendría como empleado. Mira la lista del asesor y escribe oraciones usando el condicional.

1. hacer fotocopias: *Harías fotocopias.* _____

2. preparar informes de ventas: _____

3. ayudar al gerente: _____

4. administrar la base de datos: _____

5. distribuir el correo: _____

6. organizar reuniones: _____

3 **¡Decepcionado!** Finalmente, Mario es contratado, pero se siente decepcionado porque tiene responsabilidades de las que no había hablado con el gerente. Imagina lo que piensa este nuevo empleado y escribe oraciones usando el condicional.

1. decirme / asistir cursos de formación *El gerente me dijo que asistiría a cursos de formación.*

2. mencionar / ser vendedor y no asistente _____

3. decirme / tener futuro en su empresa _____

4. decirme / valer la pena intentarlo _____

5. explicar / administrar proyectos importantes _____

6. prometer / tener muchas responsabilidades _____

4   Completar Completa las oraciones usando el condicional para explicar qué pasaría en estas situaciones hipotéticas.

1. Una empresa multinacional cierra de repente.

   Los empleados _se quedarían sin trabajo y protestarían._____

2. Tu jefe te ofrece un puesto más alto en tu empresa que requiere más horas de trabajo.

   Tú _____

3. Las mujeres de todo el mundo logran tener los mismos derechos laborales.

   Ellas _____

4. Los ciudadanos no tienen que pagar impuestos.

   Yo _____

5. El día de trabajo aumenta a doce horas diarias.

   Los empleados _____

6. El gerente de una compañía renuncia.

   La dueña de la compañía _____

5   ¿Qué harías tú? Elige una de estas situaciones y escribe al menos cuatro oraciones para explicar qué harías tú en ese caso. Usa el condicional.

1. Tú eres el/la dueño/a de una empresa y te enteras de que tus empleados piensan que no ganan suficiente dinero.

2. Tú eres el/la gerente de una empresa y tus asesores te recomiendan tercerizar (*outsource*) los servicios que ofrece tu empresa a otro país donde los costos serían menores.

_____

_____

_____

_____

6   ¿Cómo sería tu trabajo ideal? Describe cuáles serían tus responsabilidades, cómo sería el ambiente de trabajo, cómo sería la relación con tu jefe/a, cuánto dinero ganarías, etc. Escribe al menos seis oraciones y usa el condicional. Puedes usar las palabras de la lista.

| administrar | ganar bien | puesto | sueldo |
| ejecutivo/a | horas extra | secretario/a | vacaciones |

_____

_____

_____

_____

_____

_____

8.2 The past subjunctive

1 **Consejos para conseguir trabajo** Teresa le escribe a su amiga Carla una carta para darle consejos sobre cómo encontrar trabajo. Completa la carta que ella escribió con el imperfecto de subjuntivo de los verbos entre paréntesis.

Querida Carla:

Me pediste que te 1) _____ (dar) consejos para encontrar trabajo. Ya te dije que 2) _____ (mirar) el periódico todos los días y que 3) _____ (solicitar) todos los puestos que te 4) _____ (parecer) interesantes. Yo no creía que 5) _____ (poder) encontrar nada interesante en el periódico, pero ahí encontré el anuncio de la revista *La Semana*. A mí me aconsejaron que 6) _____ (revisar) muy bien mi currículum vitae y que 7) _____ (destacar) mi experiencia en puestos similares al que solicitaba. También me dijeron que era importante que 8) _____ (investigar) sobre la compañía antes de ir a la entrevista, para que las personas en la empresa 9) _____ (saber) que tenía interés. Escríbeme pronto, 10) _____ (querer) saber cómo te van las entrevistas. Si tienes más preguntas, ya sabes donde estoy.

Besos,

Teresa

2 **¿Qué piensas tú?** ¿Qué consejos le darías tú a Carla para las entrevistas de trabajo? Escribe oraciones completas combinando elementos de las dos columnas. Usa el condicional y el imperfecto de subjuntivo.

aconsejar	mostrar interés
decir	mostrar(se) profesional/auténtico
pedir	(no) preguntar salario
recomendar	sonreír
sugerir	vestirse muy bien

1. Le aconsejaría que se vistiera muy bien. _____

2. _____

3. _____

4. _____

5. _____

3 **En el trabajo** Contesta las preguntas usando la información que se da entre paréntesis.

1. ¿Qué te pidió el gerente? (reunirme con él)
   El gerente me pidió que me **reuniera** con él.

2. ¿Qué quería la dueña de la empresa? (candidatos/hablar con los empleados)
   _____

3. ¿Qué sugirió la ejecutiva? (despedir al vendedor)
   _____

4. ¿Qué esperabas tú? (puesto/ser más interesante)
   _____

5. ¿Qué solicitó el sindicato? (la empresa/aumentar/sueldos)
   _____

4 **¡Trabajo conseguido!** Con los buenos consejos de Teresa y los tuyos, Carla encontró un buen trabajo como asesora de una empresa de combustibles alternativos (*alternative fuels*) en Uruguay. Imagina qué pasó en su primer día de trabajo y escribe oraciones completas combinando los elementos de las cuatro columnas. Usa el pretérito y el imperfecto de subjuntivo.

asesor	decir	ayudar a preservar	contrato
dueño de la compañía	ordenar	financiar	ejecutivos
empleados	pedir	hablar	fábricas de automóviles
gerente	querer	reunirse	inversión
sindicato	recomendar	revisar	el medio ambiente
socios	sugerir	solicitar	nuevas tecnologías

1. _Un asesor me pidió que me reuniera con los ejecutivos._ _____

2. _____

3. _____

4. _____

5. _____

6. _____

5 **Primer día de trabajo** Carla le escribe un mensaje de correo electrónico a Teresa contándole sobre su primer día de trabajo. Escribe el mensaje usando la información de la actividad anterior y las palabras o frases de la lista. Usa el imperfecto de subjuntivo de al menos cinco verbos diferentes.

biodegradable	muy interesante
buen sueldo	nuevas tecnologías
combustibles alternativos	un poco estresante

Teresa, te quiero contar sobre mi primer día de trabajo. Mi jefa me pidió que me reuniera... _____

_____

_____

_____

_____

_____

_____

_____

_____

_____

_____

_____

8.3 *Si* clauses with simple tenses

1 **Situaciones** Completa estas oraciones sobre situaciones hipotéticas con el verbo adecuado.

1. Si no _____ (encuentras/encontraras) trabajo tendrás que trabajar para tu padre.

2. Si tuvieras más experiencia no _____ (estuvieras/estarías) en ese puesto.

3. Si la bolsa de valores _____ (bajara/bajaría), perderíamos dinero.

4. Si _____ (ahorras/ahorraras) algo, ahora no tendríamos tantas deudas.

5. Si el desempleo aumenta, _____ (hay/habrá) más pobreza en el mundo.

6. Si los empleados fueran más eficientes, el trabajo ya _____ (estuviera/estaría) terminado.

2 **Conversación** Éric y Johnny hablan sobre cómo podría ser la vida. Completa su conversación con la forma correcta del condicional o el imperfecto de subjuntivo de los verbos.

ÉRIC Johnny, ¿qué te gustaría hacer si 1) _____ (tener) más tiempo libre?

JOHNNY Me 2) _____ (encantar) viajar por toda Latinoamérica. De hecho, yo 3) _____ (poder) viajar si 4) _____ (conseguir) el puesto de reportero. Si Aguayo me 5) _____ (ascender), yo te 6) _____ (nombrar) mi asistente personal y te 7) _____ (llevar) conmigo a hacer reportajes.

ÉRIC Si te ascendieran yo me 8) _____ (quedar) con tu oficina, porque no sé si me 9) _____ (gustar) pasar todo el año viajando.

JOHNNY Piénsalo, si 10) _____ (ser) mi ayudante, no 11) _____ (tener) que aguantar a Aguayo como jefe.

ÉRIC Pero 12) _____ (tener) que aguantarte a ti, que tampoco es fácil.

3 **Si yo...** Completa estas oraciones explicando qué hacías, harás o harías en estas situaciones.

1. Si fuera el/la dueño/a de una empresa multinacional, _____

2. Si tuviera más ahorros, _____

3. Si hacía el trabajo a tiempo, mi jefe _____

4. Si consigo un ascenso, _____

5. Si invirtiera en la bolsa de valores, _____

6. Si me despiden, _____

Workbook

4 **¿Qué harías?** ¿Qué harías si estuvieras en el lugar de estas personas? Usa el condicional y el imperfecto de subjuntivo.

1. Un(a) multimillonario/a, dueño/a de una fábrica de automóviles que está pensando en lanzar un carro híbrido.

   _____

2. El/La delegado/a del sindicato que visita una empresa que explota a los trabajadores.

   _____

3. Un(a) socio/a de una empresa de exportación en bancarrota.

   _____

4. Un(a) empleado/a que cobra el sueldo mínimo y va a ser despedido/a.

   _____

5. Un(a) ejecutivo/a incapaz que va a ser ascendido/a.

   _____

6. Un(a) candidato/a a un puesto alto en una empresa que tiene dificultades financieras.

   _____

5 **Dilemas** Elige una de estas tres situaciones y escribe un párrafo de por lo menos seis oraciones en el que describes lo que tú harías. Usa el condicional y el imperfecto de subjuntivo en tu respuesta.

1. Te enteras por otra persona que un(a) amigo/a te dijo una mentira.

2. No puedes encontrar trabajo en tu propio país.

3. Tus padres no están de acuerdo con algo que tú quieres hacer.

_____

_____

_____

_____

_____

_____

_____

_____

_____

_____

_____

_____

_____

_____

MANUAL DE GRAMÁTICA

8.4 Transitional expressions

1 **María cuenta su experiencia laboral** María se reúne con un grupo de apoyo a los desempleados para contarles la historia de su vida laboral. Completa su historia con las expresiones de transición adecuadas.

1) _____ (Primero / Como) trabajé como cocinera en un restaurante de comidas rápidas. 2) _____ (Al mismo tiempo / Al principio) me gustaba ese trabajo, pero luego me di cuenta de que trabajaba demasiadas horas y mi sueldo era muy bajo. 3) _____ (Por un lado / Entonces) busqué otro empleo. 4) _____ (Después de / Mientras) dos entrevistas, conseguí un puesto como cajera en una tienda muy famosa. 5) _____ (Sin embargo / Mientras) trabajaba en la tienda, estudiaba español por las noches. Trabajé allí varios meses, pero 6) _____ (finalmente / además) me despidieron porque era muy lenta en la caja. 7) _____ (Igualmente / Ayer) me llamaron para trabajar en otro restaurante de comidas rápidas y 8) _____ (hoy / además) fui a la entrevista. Me ofrecieron el puesto 9) _____ (porque / aunque) tenía experiencia en otro restaurante. ¡Espero no trabajar tantas horas esta vez!

2 **Marcos encuentra trabajo** Marcos, quien estuvo cuatro meses sin trabajo, asistía a las reuniones del mismo grupo de apoyo a los desempleados de la actividad anterior. El lunes encontró trabajo y hoy fue a la reunión para ayudar a sus compañeros que todavía no tienen empleo. Completa su relato con las expresiones de transición de la lista. Puedes repetir algunas expresiones.

además	mientras que	por otra parte
al contrario	por eso	por un lado
debido a eso	por esta razón	sin embargo

Hoy estoy muy contento; 1) _____, ven en mi cara una sonrisa. ¡Encontré trabajo! 2) _____, no es un mal trabajo; 3) _____, es realmente muy bueno. ¿Recuerdan que dos meses atrás escribí una carta a la multinacional Chispitas y otra a la fábrica de ropa Juanjo? ¡No lo van a creer! ¡Tuve respuesta de las dos empresas! 4) _____, recibí una llamada telefónica de la empresa multinacional y 5) _____, me enviaron una carta de la fábrica Juanjo. Primero pensé que era una broma. 6) _____, los dos mensajes parecían verdaderos. Esta semana tuve las dos entrevistas. 7) _____ en Chispitas me ofrecían un sueldo mínimo y un contrato por tres meses, en Juanjo me darían un trabajo permanente y un sueldo muy bueno. 8) _____, tomé el trabajo en la fábrica. Mi trabajo consiste en analizar la situación financiera de las compañías de la competencia. 9) _____, tengo que hablar con posibles inversores para que la compañía mejore su situación financiera. Ayer comencé con el trabajo y es más difícil de lo que pensaba. 10) _____, hoy ya siento un poco de estrés. 11) _____, estoy feliz porque ya puedo ganarme la vida y devolver el dinero que me habían prestado mis amigos. ¡Prefiero la presión del trabajo a la tristeza del desempleo!

Workbook

LECTURA

1 **Antes de leer** ¿Has buscado trabajo alguna vez? ¿En qué? ¿Cómo fue la búsqueda?

_____

_____

_____

¿Quieres conseguir un trabajo en Latinoamérica?

El proceso para conseguir un trabajo en Latinoamérica tiene muchos aspectos similares al de los Estados Unidos, pero también existen muchas diferencias. Primero, el factor más importante en muchos países latinoamericanos es el tipo de conexiones que tiene la persona que está buscando trabajo. Por otra parte, el uso de los clasificados en el periódico para buscar empleo varía de país a país, pero en general se puede decir que es bastante común recurrir a este medio.

Las personas que solicitan empleo deben presentar un currículum, que probablemente no será tan conciso y que incluirá datos personales, tales como lugar y fecha de nacimiento, estado civil, y hasta una foto. Muchas veces las empresas requieren este tipo de información.

Debido al alto nivel de desempleo, las empresas pueden ser exigentes (*demanding*) y poner muchas condiciones.

Las empresas también usan con frecuencia todo tipo de tests para seleccionar a sus empleados: por ejemplo, tests de personalidad, de conocimientos o de inteligencia. Y es común que al candidato se le hagan preguntas acerca de su estado civil, su salud, el número de hijos, si tiene carro, etc.

En las entrevistas se da mucha importancia a la apariencia personal, aunque siempre se le recomienda al candidato que se muestre seguro de sí mismo y de sus conocimientos.

Armado con toda esta información, ¿estás ya listo para iniciar tu búsqueda?

2 **Después de leer**

A Comprensión Elige la opción correcta para completar estas oraciones según lo que leíste.

1. El factor más importante a la hora de buscar trabajo en Latinoamérica es tener _____.
   a. contactos   b. un currículum completo   c. más de cuarenta años

2. A veces las empresas ponen muchas condiciones y son muy exigentes porque _____.
   a. los candidatos no están capacitados
   b. hay muchos candidatos
   c. no quieren contratar personas con hijos

3. Las empresas usan tests de personalidad, de inteligencia o de conocimientos para _____ a los candidatos.
   a. despedir   b. seleccionar   c. ascender

4. Hacer preguntas personales en las entrevistas de trabajo es _____.
   a. usual   b. muy raro   c. ilegal

B Diferencias Vuelve a leer el artículo y explica tres diferencias entre el proceso de búsqueda de trabajo en Latinoamérica y el proceso de búsqueda en tu país.

1. _____

2. _____

3. _____

COMPOSICIÓN

Imagina que estás buscando trabajo en un país latinoamericano. Elige un país que te interese y escribe tu currículum vitae para solicitar trabajo en Latinoamérica. Aquí te presentamos un modelo.

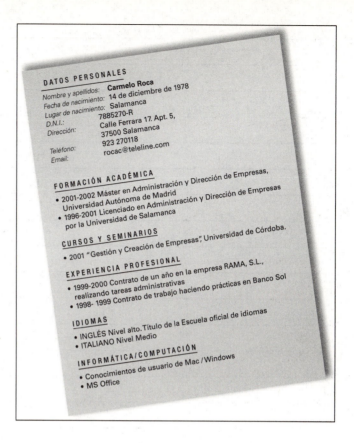

DATOS PERSONALES

Nombre y apellidos: **Carmelo Roca**
Fecha de nacimiento: 14 de diciembre de 1978
Lugar de nacimiento: Salamanca
D.N.I.: 7885270-R
Dirección: Calle Ferrara 17. Apt. 5, 37500 Salamanca
Teléfono: 923 270118
Email: rocac@teleline.com

FORMACIÓN ACADÉMICA
• 2001-2002 Máster en Administración y Dirección de Empresas, Universidad Autónoma de Madrid
• 1996-2001 Licenciado en Administración y Dirección de Empresas por la Universidad de Salamanca

CURSOS Y SEMINARIOS
• 2001 "Gestión y Creación de Empresas", Universidad de Córdoba.

EXPERIENCIA PROFESIONAL
• 1999-2000 Contrato de un año en la empresa RAMA, S.L., realizando tareas administrativas
• 1998- 1999 Contrato de trabajo haciendo prácticas en Banco Sol

IDIOMAS
• INGLÉS Nivel alto. Título de la Escuela oficial de idiomas
• ITALIANO Nivel Medio

INFORMÁTICA/COMPUTACIÓN
• Conocimientos de usuario de Mac / Windows
• MS Office

PREPARACIÓN

Escribe las categorías que tu currículum va a tener. Considera cuatro como mínimo. Luego, en cada categoría, anota palabras y expresiones que se relacionen con cada una.

Categorías en el currículum vitae	Palabras y expresiones relacionadas con cada categoría

COMPOSICIÓN

El currículum vitae debe contener esta información:
• Información personal detallada (fecha y lugar de nacimiento, estado civil, etc.). Incluye información de contacto.
• Datos sobre cada categoría que elegiste: tu formación, experiencia, idiomas, etc.

_____

_____

_____

_____

_____

Workbook

1   Definiciones Elige la palabra de la lista que corresponde a cada definición.

censura	episodio	portada
cine	estrella	publicidad
diario	imprimir	redactor
documental	lector	televidente
emisora	locutor	titular

_____ 1. persona que habla ante el micrófono en un programa de radio

_____ 2. estación de radio

_____ 3. película que informa sobre hechos reales

_____ 4. anuncio comercial para atraer a posibles compradores, espectadores, oyentes, etc.

_____ 5. persona que mira televisión

_____ 6. periódico que se publica todos los días

_____ 7. persona que trabaja en la oficina de un periódico y que escribe cosas que han pasado

_____ 8. artista de cine muy famoso/a

_____ 9. persona que lee

_____ 10. sala o edificio público en el que se exhiben películas

_____ 11. texto que anuncia una noticia

_____ 12. acto de prohibir que se transmita una película o se publique un libro o artículo

2   La intrusa Identifica la palabra que no pertenece al grupo.

1. el televidente | la telenovela | el episodio | la moda

2. el crítico de cine | la tira cómica | los efectos especiales | la banda sonora

3. la portada | el redactor | la sección deportiva | la sección de sociedad

4. la parcialidad | el locutor | el oyente | la emisora

5. la reportera | el público | la noticia | el reportaje

6. la estrella | la fama | el subtítulo | la celebridad

3 **Palabras perdidas** Lee tres conversaciones entre personas que trabajan en distintos medios de comunicación. Completa cada una con las palabras de la lista.

al tanto	oyente	rodarlo
chismes	programa	telenovela
episodio	público	
estrella	radio	

A — Están todos los actores menos nuestra 1) _____. ¿Dónde está?

— Se fue, señor.

— ¿Cómo que se fue? Le dije que el 2) _____ final de la telenovela no está bien. Tenemos que 3) _____ nuevamente.

B — ¡Atención! Un 4) _____ nos llama. Hola. ¿Quién está en la línea?

— Hola, Mario. Me llamo Pedro y quería felicitarte por tu 5) _____. Me encanta escuchar la 6) _____ y es más interesante desde que comenzaste con *Música a tu medida*.

— ¡Muchas gracias, Pedro! ¿Qué tema te gustaría escuchar?

C — ¿Es cierto que la actriz principal de la 7) _____ *Ladrón de amor* y tú tienen una relación amorosa?

— Lo siento. No hay comentarios.

— El 8) _____ te admira y quiere saberlo. Tienes una obligación con tus admiradores, que quieren estar 9) _____ de tu vida.

— Mi obligación es impedir que inventes 10) _____.

4 **¿Quiénes conversan?** Vuelve a leer las conversaciones de la **actividad 3.** Indica quiénes son las personas que participan en cada una de ellas.

1. Conversación A _____
2. Conversación B _____
3. Conversación C _____

a. un director de cine y la actriz principal

b. un locutor de radio y un reportero

c. un locutor de radio y un oyente

d. un reportero y un actor

e. un director de cine y un ayudante

f. un reportero y la estrella de la telenovela *Ladrón de amor*

5 **Una estrella** Escribe una breve biografía de una estrella muy famosa. Usa por lo menos seis palabras o frases de la lista.

celebridad	controvertido	enterarse	fama	influyente
chisme	en vivo	estar al tanto	hacerse famoso/a	portada

_____

_____

_____

_____

ESTRUCTURA

9.1 The present perfect subjunctive

1   **Una película censurada** La última película del director Leopoldo Trujillo fue censurada. Completa la conversación entre el señor Trujillo y su amiga Ángela sobre la censura de su película. Usa los verbos de la lista.

hayan censurado	ha influido
ha cuidado	haya opuesto
haya dejado	ha sido
haya estado	haya sido
has formado	hayamos vuelto

LEOPOLDO No me sorprende que los miembros del Instituto de Cinematografía

1) _____ la película.

ÁNGELA ¡Qué mala suerte! Lo siento mucho.

LEOPOLDO Pero dudo que el presidente del Instituto 2) _____

de acuerdo con la censura. Creo que 3) _____ presionado.

ÁNGELA No estoy seguro de que 4) _____ presionado. Pienso que te

5) _____ una opinión equivocada de él.

LEOPOLDO ¿No crees que el presidente se 6) _____ a la censura?

ÁNGELA No pienso que él se 7) _____ convencer por la opinión de otros. Creo

que tiene mucho poder y él siempre 8) _____ mucho su imagen pública.

2   **Censura** El director Leopoldo Trujillo está muy enojado por la censura de su última película. Por eso, decide escibir una carta abierta y publicarla en un diario de gran difusión. Completa la carta con la forma apropiada del **pretérito perfecto de subjuntivo** de los verbos entre paréntesis.

Quienes 1) _____ (enterarse) de la decisión de censurar mi película sabrán por qué escribo esta carta.

Espero que todo el público 2) _____ (sentir) el mismo enojo que yo sentí. Lamentablemente, dudo que muchos colegas 3) _____ (enojarse). No estoy seguro de que los que me apoyan 4) _____ (ponerse) tan furiosos como yo, pero sé que algunos colegas se han alegrado. Y esto es muy triste para mí.

Me molesta mucho que el Instituto de Cinematografía 5) _____ (llegar) a esta decisión. Pero me molesta más que todos los miembros del Instituto 6) _____ (firmar) la decisión. El Instituto opina que la película tiene muchas escenas violentas. Pero yo sólo he tratado de representar una época. No puedo evitar que en esa época 7) _____ (haber) tanta violencia.

Por otra parte, no creo que la película se 8) _____ (evaluar) imparcialmente. Pero lo más terrible es que todavía exista la censura. Que nosotros 9) _____ (ser) tratados como niños en el pasado no quiere decir que seguiremos permitiéndolo en el futuro. Somos capaces de evaluar, criticar, pensar y decidir. ¡Defendamos nuestro derecho a la libertad de expresión!

Leopoldo Trujillo

Workbook

3 **Conversación con el presidente del Instituto de Cinematografía** Leopoldo Trujillo, el director de cine, discute con Francisco Madero, el presidente del Instituto de Cinematografía. Completa la conversación con lo opuesto de lo que dice Leopoldo. Utiliza el **pretérito perfecto de subjuntivo** o el **pretérito perfecto de indicativo**, según corresponda. Sigue el modelo.

> **modelo**
>
> **LEOPOLDO** Creo que el Instituto no ha sido imparcial con mi película.
> **FRANCISCO** *No creo que el Instituto haya sido parcial.*

LEOPOLDO ¿Por qué? Dudo que la película haya exagerado los hechos.

FRANCISCO 1) _____. Deberías estudiar más historia.

LEOPOLDO Es obvio que tú has leído sólo una parte de la historia verdadera.

FRANCISCO 2) _____. Insisto en que la película ha exagerado los hechos.

LEOPOLDO No creo que esta situación haya terminado.

FRANCISCO 3) _____. Mejor dicho, ¡no hay nada más que discutir!

LEOPOLDO Es evidente que me has engañado.

FRANCISCO 4) _____. Creo que tú nunca has llegado a conocer mis ideas.

LEOPOLDO Y yo creo que es cierto que no te ha importado mi amistad.

FRANCISCO 5) _____. Pero mi trabajo es mi trabajo.

LEOPOLDO No estoy seguro de que al público le haya gustado la decisión.

FRANCISCO 6) _____. De lo contrario, estaría protestando.

4 **Protesta** Cientos de personas comenzaron a protestar contra la censura. El Instituto de Cinematografía se vio obligado a organizar una reunión para reconsiderar su decisión. Completa los comentarios de algunos manifestantes que esperan el resultado de la reunión. Utiliza el **presente de subjuntivo** o el **pretérito perfecto de subjuntivo**, según corresponda.

1. "Es increíble que en el siglo XXI se _____ (prohibir) una película."

2. "Es necesario que _____ (existir) un solo tipo de censura: pedimos que se _____ (prohibir) la censura."

3. "Esperamos que el Instituto _____ (revisar) su decisión en la reunión que acaba de terminar."

4. "Esperamos también que en la reunión se _____ (reconsiderar) la censura."

5. "Ojalá que esta mañana los miembros del Instituto _____ (reflexionar) más profundamente sobre esta situación y que _____ (decidir) renunciar a sus cargos."

6. "Preferimos que de ahora en adelante el Instituto Cinematográfico _____ (elegir) miembros que _____ (defender) la libertad de expresión."

9.2 Relative pronouns

1 **Un profesor paraguayo** Eduardo, un profesor que enseña español en los Estados Unidos, está hablando con sus estudiantes sobre su país y su cultura. Completa lo que dice con los pronombres relativos **que, quien y cuyo/a.**

1. Yo soy del Paraguay, _____ capital es Asunción.

2. El guaraní es la lengua _____ hablan casi todas las personas en el Paraguay.

3. En el Paraguay, yo trabajé como profesor bilingüe en un instituto _____ se especializa en la enseñanza de lenguas extranjeras.

4. Los paraguayos nos refrescamos con una bebida _____ nombre es *tereré*.

5. Un día invitaré a la clase a una profesora amiga mía a _____ le interesa la tradición oral guaraní.

6. A mi madre, _____ es uruguaya, le encanta hablar guaraní.

2 **El mate** Eduardo invita a sus estudiantes a una mateada y les habla del mate. Completa las explicaciones de Eduardo con la opción correcta.

1. El mate es la bebida _____ (que/cual/cuyo) más nos gusta.

2. La calabaza y la bombilla son los instrumentos _____ (cuyos/con los que/quienes) preparamos el mate.

3. La yerba contiene mateína _____ (la que/lo que/que) es una sustancia similar a la cafeína pero que no afecta el sueño.

4. El mate es una bebida _____ (que/cuyos/cuyo) beneficios para la salud son numerosos porque contiene vitaminas y antioxidantes, y no quita el sueño.

5. El tereré, _____ (que/quien/cuyo) nombre proviene del guaraní, es una bebida _____ (quien/que/la que) refresca mucho. Esta bebida es la variante fría del mate. En el Paraguay, decimos que es un amigo _____ (con que/cuyo/con quien) compartimos momentos buenos y malos.

6. Los profesores de la escuela _____ (para la cual/cuya/con el cual) trabajaba en el Paraguay siempre tomaban tereré en los recreos (*breaks*).

3 **Don Eduardo** Completa este breve texto sobre don Eduardo, el profesor de las actividades anteriores, con los pronombres relativos de la lista. Algunos pronombres se repiten.

a quien	cuya	en la que	que
con el que	de los que	la que	quien

Don Eduardo, 1) _____ es paraguayo, tiene una amiga 2) _____ admira mucho y 3) _____ es una experta en la tradición oral guaraní. Don Eduardo, 4) _____ familia materna era uruguaya, es un enamorado de las tradiciones de su país. Los aspectos culturales 5) _____ más ha hablado a los estudiantes son el idioma y el mate. En Paraguay, se lo suele tomar frío y se lo llama *tereré*. Para don Eduardo esta bebida es 6) _____ mejor simboliza la identidad cultural del paraguayo. Otra cuestión 7) _____ le interesa mucho a don Eduardo es el guaraní, lengua 8) _____ él mismo escribe y habla.

Workbook

4 **Descripciones** Empareja estas palabras con las descripciones correspondientes.

1. la estrella del pop _____
2. la banda sonora _____
3. el crítico de cine _____
4. los oyentes _____
5. los subtítulos _____
6. el periodista _____

a. el texto que aparece en la pantalla con una traducción o transcripción de lo que escuchamos
b. la persona cuyo trabajo se desempeña en un periódico, revista o programa de televisión
c. la persona a quien todos piden autógrafos
d. la música con la que se acompaña a una película
e. la persona que escribe la crítica de las películas
f. las personas que escuchan los programas de radio

5 **¡A emparejar!** Completa las oraciones de la lista A con las cláusulas de la lista B.

A

1. Mi amigo el locutor, _____, está a punto de empezar un nuevo programa de radio.
2. Ese canal _____ pertenece a una cadena de televisión independiente.
3. Mis padres, _____, van a ir al Carnaval de Cádiz este año.
4. El corresponsal, _____, normalmente trabaja para una cadena de televisión o periódico.
5. Me encanta la horchata _____.
6. Los periodistas _____ en la redacción son muy jóvenes y dinámicos.

B

a. que hace mi madre
b. cuyo trabajo consiste en enviar noticias de actualidad desde un país extranjero
c. a quienes quiero mucho
d. con quien me llevo muy bien
e. que emite las veinticuatro horas en español
f. con los que trabajo

6 **Un poco de cultura** Completa las descripciones para dar más información sobre estas personas, lugares o cosas. Utiliza cláusulas explicativas y las palabras de la lista. Añade toda la información que quieras.

| actriz y cantante | capital | estilo musical |
| bebida muy popular | escritor uruguayo | una fiesta tradicional |

1. Natalia Oreiro, _que/quien es una actriz y cantante uruguaya_, ha protagonizado la telenovela *Muñeca brava*.
2. Inca Kola, _____, es un auténtico símbolo nacional.
3. Eduardo Galeano, _____, es el autor de *Bocas del tiempo*.
4. En Montevideo, _____, las personas son muy aficionadas al mate.
5. El candombe, _____, proviene de los ritmos africanos de los esclavos de la época colonial.
6. El Carnaval, _____, llena las calles de gente, música y murgas.

9.3 The neuter *lo*

1 **Las telenovelas** Lee este texto escrito por la protagonista de la telenovela *Hombre y mujer* y completa las oraciones con **lo** o **lo que**.

"En una telenovela 1) _____ difícil es entretener al público y conseguir que éste mire la telenovela todos los días. 2) _____ bueno es que ese público puede ser muy fiel. 3) _____ más me gusta del rodaje es el contacto diario con los compañeros y 4) _____ menos me gusta es tener que madrugar tanto para rodar varios capítulos al día. 5) _____ más positivo de mi experiencia como actriz de telenovelas es que todo el mundo te conoce por la calle, aunque eso es también 6) _____ más negativo porque, si interpretas un personaje malvado (*evil*), todo el mundo piensa que eres un malvado en la vida real. Yo siempre quiero saber 7) _____ mi madre piensa de mi personaje."

2 **La radio** ¿Qué le contaría sobre su profesión un(a) locutor(a) de radio a un(a) estudiante que quiere estudiar periodismo? Lee las preguntas y escribe las posibles respuestas que daría el/la locutor(a). Escribe oraciones que comiencen con **lo** o **lo que**.

1. ¿Qué es lo que más le gusta de su trabajo?
   Lo que más me gusta es poder compartir con otros mi música favorita.
   _____

2. ¿Qué es lo más difícil en su trabajo?
   _____

3. ¿Qué es lo que más le molesta de su profesión?
   _____

4. ¿Qué es lo más interesante de ser locutor(a)?
   _____

5. ¿Qué es lo más aburrido de su trabajo?
   _____

3 **Lo mejor y lo peor** Ahora escribe tú una lista sobre **lo mejor** y **lo peor** de ser un(a) cantante de moda o una celebridad. Piensa en cinco ventajas y cinco desventajas. ¡Sé creativo/a!

Lo mejor	Lo peor
_____	_____
_____	_____
_____	_____
_____	_____

4 **Corresponsal en el Uruguay** Álvaro, un reportero de Miami, fue destinado el año pasado a la ciudad de Montevideo como corresponsal. Completa los pensamientos de Álvaro con palabras de la lista.

bellos	cómodo	educada	feliz	hermosa
bien	difícil	fácil	grande	monumental

1. Me dijeron lo _____ que sería mi trabajo y es cierto que tengo que trabajar mucho, pero no me dijeron lo _____ que es adaptarse a la vida aquí. ¡Me sentí como en casa desde el principio!

2. Me asombra lo _____ que es la ciudad, con sus parques y su arquitectura, y lo _____ que es la gente aquí. Te ayudan con cualquier problema.

3. Me parece increíble lo _____ que circula el tráfico a pesar de lo _____ que es la ciudad.

4. Parece mentira lo _____ que son los edificios de la Avenida Dieciocho de Julio y lo _____ que es la Ciudad Vieja, tan llena de historia.

5. Aún no me puedo creer lo _____ que vivo aquí y lo _____ que estoy.

5 **¿Le molesta o le gusta?** Según nuestra profesión, personalidad o edad, nos gustan o no ciertas cosas. Escribe oraciones contando lo que les gusta o les molesta a estas personas. Sigue el modelo.

modelo
locutora de una radio estudiantil: gustar-molestar/contar chismes por la radio
Lo que le molesta a la locutora de la radio estudiantil es contar chismes por la radio.

1. estrella de una comedia de situación (*sitcom*): agradar-desagradar/no salir en las revistas
_____

2. estudiante de español: encantar-detestar/una novela larga y aburrida
_____

3. periodista deportivo: gustar-molestar/comentar los partidos de fútbol americano de las escuelas secundarias
_____

4. redactor de un periódico: preocupar-no preocupar/los titulares para la portada
_____

5. el reportero: encantar-detestar/ser el primero en descubrir una noticia
_____

6 **¡Me asombra lo listo que soy!** Escribe oraciones con lo + adjetivo/adverbio + que combinando los elementos. Haz los cambios que sean necesarios.

1. Fabiola/asombrarse/la redacción del periódico está muy lejos
Fabiola se asombra de lo lejos que está la redacción del periódico.

2. El público/sorprenderse de/la telenovela es muy divertida
_____

3. El público/burlarse de/la telenovela es muy melodramática
_____

4. Lucía/no poder creer/es muy difícil componer una buena banda sonora
_____

5. Ser increíble/las películas comerciales son muy malas
_____

6. Ser sorprendente/los subtítulos se leen muy bien
_____

MANUAL DE GRAMÁTICA

9.4 *Qué* vs. *cuál*

1 **¡A completar!** Completa las preguntas con **qué** o **cuál(es)** según el contexto.

1. ¿ _____ es el nombre de esa emisora?

2. ¿ _____ piensas de ese periódico?

3. ¿ _____ es tu telenovela favorita?

4. ¿ _____ opinas de la fama?

5. ¿ _____ son tus canales favoritos?

6. ¿ _____ efectos especiales te impresionaron más?

7. ¿ _____ ha sido el reportaje más controvertido del año?

8. ¿ _____ es el crítico de cine más sarcástico?

2 **Preguntas** Escribe una pregunta para cada una de estas respuestas. Debes usar **¿qué?** o **¿cuál(es)?**

1. _____

   La emisora que más me gusta es Radio Nacional.

2. _____

   Mi banda sonora favorita es la de la película *Hable con ella* del director español
   Pedro Almodóvar.

3. _____

   Opino que la libertad de prensa es imprescindible y no debe existir censura en los medios de
   comunicación.

4. _____

   Leo los diarios *El País* de España y el *Boston Globe* de los Estados Unidos todos los días.

5. _____

   Me gustan los canales Galavisión y Antena 3.

3 **¡Qué interesante!** Escribe exclamaciones con **¡Qué...!** sobre estos lugares, personas o tradiciones.

> **modelo**
> Salma Hayek *¡Qué buena actriz es Salma Hayek!*

1. el mate _____

2. la ciudad de Asunción _____

3. el candombe del Río de La Plata _____

4. los periodistas de mi país _____

5. las comedias de situación (*sitcoms*) _____

6. los Beatles _____

LECTURA

1 **Antes de leer**

1. Lee el título de esta lectura. ¿Cuál será el tema principal? ¿Qué otras predicciones puedes hacer sobre el texto? Menciona tres. _____

_____

2. Lee rápidamente el primer párrafo. ¿Cuáles son las características de las telenovelas tradicionales?

_____
_____
_____

Telenovelas alternativas

En los últimos años, un nuevo tipo de telenovela ha surgido° en Colombia. Programas como *Betty, la fea* y *Pedro, el escamoso* han cambiado el estilo y argumento tradicional de las telenovelas. En lugar de basarse en un mundo idealizado y artificial, las nuevas telenovelas están llenas de realismo y de humor.

Betty, la fea y *Pedro, el escamoso* pertenecen a este nuevo formato que utiliza un nuevo tipo de protagonista, que pertenece a la clase media o trabajadora y que no responde a los ideales de belleza habituales. Estos elementos hacen que el público se identifique más fácilmente con los personajes.

Pedro, el escamoso cuenta la historia de Pedro Coral, un atípico héroe de barrio. Pedro ayuda a amigos y vecinos y siempre es amable con todo el mundo. En el lenguaje coloquial colombiano, un "escamoso" es una persona que aparenta ser lo que no es. Como es de esperar, este personaje hace justicia° a su nombre. Es también un *don Juan* pero con un corazón de oro, leal y cariñoso, que sabe ganarse las simpatías de todos.

Una de las características más originales de este personaje es su forma de vestir, un tanto peculiar y que muchos considerarían de mal gusto°. Esta particularidad, sin embargo, le imprime más personalidad. Los televidentes son conscientes de que un simple cambio lo puede convertir en un hombre atractivo y seductor. Conocen todo el potencial que tiene el protagonista y siguen sus pasos sabiendo que su bondad lo llevará a conseguir lo que quiera.

La telenovela *Pedro, el escamoso* se ha convertido en todo un éxito. También ha triunfado en los Estados Unidos, donde el *Washington Post* le ha dedicado dos artículos al fenómeno social de este divertido personaje.

ha surgido *has emerged* **hace justicia** *does justice* **de mal gusto** *in bad taste*

2 **Después de leer** Contesta estas preguntas.

1. ¿Por qué se dice que en los últimos años ha surgido en Colombia un nuevo tipo de telenovela?

_____

2. ¿Quién es *Pedro, el escamoso*? ¿Qué significa "escamoso"?

_____

3. ¿Cómo es la personalidad del personaje de Pedro? ¿Qué característica original tiene?

_____

Workbook

COMPOSICIÓN

Piensa en los personajes de la televisión o cine más importantes o influyentes en la sociedad actual.
Elige uno/a para escribir un perfil acerca de él o ella.

PREPARACIÓN

Elige el personaje y busca información sobre su origen, su personalidad, su apariencia física, sus
trabajos en los medios de comunicación y los motivos por los que es famoso.

Origen: _____

Personalidad: _____

Apariencia física: _____

Trabajos: _____

Motivos: _____

COMPOSICIÓN

Ahora escribe una composición que contenga la información que se detalla a continuación. Para
guiarte, puedes seguir el modelo de la lectura *Pedro, el escamoso* de la página anterior. Lleva tu
composición a la clase para compartirla con tus compañeros.

- Describe detalladamente cada categoría de la **PREPARACIÓN** con oraciones completas.
- Incluye una cita del personaje para hacer tu artículo más interesante.
- Incluye una foto del personaje.

_____

_____

_____

_____

_____

_____

_____

_____

_____

_____

_____

_____

_____

Workbook

CONTEXTOS

Workbook

---

1 **Palabras escondidas**

A. Ordena las letras para formar palabras relacionadas con la literatura.

1. IAMR

☐☐☐☐
  4 13 11

2. DOARARNR

☐☐☐☐☐☐☐☐
7 2   12 23 15

3. TGRAICO

☐☐'☐☐☐☐☐
8 24 18   14 1 21

4. SEVRO

☐☐☐☐☐
    9

5. TAFSORE

☐☐☐☐☐☐☐
19 16   6

6. ASROP

☐☐☐☐☐
    10   20

7. REUNATMOG

☐☐☐☐☐☐☐☐☐
22   3 17 5

B. Completa este verso del famoso escritor y poeta español Antonio Machado copiando en la casilla correspondiente las letras de la parte A que tienen un número debajo.

☐☐☐☐☐☐☐☐☐   ☐☐ |H|Y|☐   ☐☐☐☐☐☐ ,   ☐☐ |H|☐☐
1 2 3 4 5 6 7 8 9   7 10   11   1 12 13 14 7 15   16 17   18 1 19

☐☐☐☐☐☐ |L| ☐☐☐☐☐
1 20 3 14 7 21 22 20 7 23 12 24

---

2 **Definiciones** Conecta cada palabra con su definición.

_____ 1. biografía

_____ 2. novela rosa

_____ 3. dramaturgo

_____ 4. novelista

_____ 5. autorretrato

_____ 6. cubismo

a. autor de novelas

b. obra literaria sobre la vida de una persona

c. retrato que un pintor pinta de sí mismo

d. movimiento artístico que se basa en formas geométricas

f. persona que escribe obras de teatro

g. novela romántica y por lo general dramática

---

3   **Un evento cultural** Fabiola y Éric están conversando sobre lo que tienen que hacer antes de que empiece la Semana Cultural en la Ciudad de México. Completa la conversación con las palabras de la lista.

biografías	género literario	poesía
contemporáneo	hojear	poeta
cuadros	obras	policíaca
desarrollarse	pintores	prosa

ÉRIC ¡Qué bien que este año la Semana Cultural de la Ciudad de México va a

1) _____ muy cerca de nuestra oficina!

FABIOLA Sí, es la próxima semana; estoy emocionadísima. Tengo que entrevistar a varios

2) _____ famosos y necesito antes ir al museo a estudiar sus

3) _____ de arte. Algunos de sus 4) _____

están expuestos en el Museo de Arte 5) _____.

ÉRIC También sería buena idea que leyeras sus 6) _____. Yo también tengo que

entrevistar a un 7) _____ y no sé que hacer porque la entrevista es mañana

y no he tenido tiempo de leer sus poemas.

FABIOLA Por lo menos deberías 8) _____ algunos de sus libros para saber de qué se

tratan, ¿no?

ÉRIC La verdad es que la 9) _____ no es mi 10) _____

favorito, prefiero la 11) _____. Por ejemplo, ¡una buena novela 12)

_____ con un asesinato a resolver!

FABIOLA Suerte, Éric. Necesito conseguir un programa, no quiero perderme ningún acto cultural.

4   **Programa cultural** Escribe un artículo que describa algunas de las actividades culturales que se desarrollarán en la Semana Cultural de la Ciudad de México. Usa al menos diez palabras de la lista.

abstracto	de buen gusto	movimiento	pintor
al estilo de	didáctico	novela rosa	protagonista
artesano	dramaturgo	novelista	surrealismo
autobiografía	literatura infantil	obra de arte	tratarse de

_____

_____

_____

_____

_____

_____

_____

ESTRUCTURA

10.1 The future perfect

1 **Se acerca el estreno** Tres estudiantes y un profesor de un taller de teatro están preparando una obra. Completa la conversación con la forma adecuada del futuro perfecto.

CARMEN La semana que viene se estrena la obra de teatro. ¡Estoy muy emocionada!

MIGUEL Yo también, aunque no sé si para ese día 1) _____ (terminar) de estudiar mi papel.

CARMEN ¿2) _____ (llegar) ya las invitaciones?

MIGUEL Espero que sí. Ya es tiempo de repartirlas.

PROFESOR Nicolás, ¿para el lunes que viene tú 3) _____ (conseguir) hablar con el dueño del teatro?

NICOLÁS Sí, creo que para el lunes ya lo 4) _____ (hacer).

PROFESOR Y ustedes, ¿5) _____ (reunirse) para practicar la obra?

CARMEN Sí, profesor, para el martes nosotros 6) _____ (actuar) para nuestros amigos.

MIGUEL Profesor, por casualidad ¿7) _____ (guardar) usted los boletos para nuestras familias?

PROFESOR Sí, ya los tengo.

CARMEN ¡Qué emoción! Dentro de una semana nosotros ya 8) _____ (salir) a festejar el éxito de la obra de teatro.

MIGUEL No veo la hora de que llegue ese momento.

2 **En el aeropuerto** Elena y su amiga Ana han estado de vacaciones en el Perú. Antonio, un amigo, las está esperando en el aeropuerto. Mientras espera, él imagina lo que ellas habrán hecho durante sus vacaciones. Completa lo que Antonio piensa, usando el futuro perfecto.

Estoy seguro de que ellas lo 1) _____ (pasar) muy bien. Creo que 2) _____ (quedarse) en el club deportivo que les recomendaron. Allí, organizan actividades culturales y seguro que ellas también 3) _____ (entretenerse) visitando museos y yendo al teatro. ¡Qué envidia! ¡Y yo aquí trabajando las veinticuatro horas del día!

¿4) _____ (ver) Elena a sus parientes? No sé si ella 5) _____ (tener) tiempo para visitarlos. Al final, ellas 6) _____ (decidir) quedarse en la costa. Ellas 7) _____ (ir) a espectáculos todas las noches y 8) _____ (relajarse) leyendo en la playa.

Lima, Perú

3 **Suposiciones** Antonio sigue esperando en el aeropuerto y se está poniendo un poco nervioso porque Elena y Ana no llegan. Escribe las suposiciones que hace Antonio usando el futuro perfecto.

1. Elena y Ana no han llegado todavía.
   Elena y Ana no habrán llegado todavía.
   _____

2. Ellas aterrizaron muy pronto y tomaron un taxi.
   _____

3. Se olvidaron de que yo iba a recogerlas al aeropuerto.
   _____

4. Me equivoqué de aeropuerto.
   _____

5. Ana cambió el boleto para quedarse en el Perú más tiempo.
   _____

6. Tuvieron un accidente de camino al aeropuerto.
   _____

7. ¡Ana visitó una galería de arte y se enamoró de un pintor peruano!
   _____

8. ¡Elena decidió quedarse en el Perú para terminar allí su novela!
   _____

4 **En veinte años...** Imagina que en los próximos veinte años te convertirás en un(a) escritor(a) famoso/a. Utiliza las palabras de la lista para expresar lo que habrá sucedido en tu vida dentro de veinte años. Usa el futuro perfecto.

autobiografía	de mal gusto	escribir	novelista
casarse	de terror	escultor	obra de arte
ciencia ficción	diseñar	movimiento	pintor
cubismo	ensayista	novela rosa	tener

_____

_____

_____

_____

_____

_____

_____

10.2 The conditional perfect

1 **Exposición de arte** Raúl y Julia acaban de regresar de una exposición de arte chileno y especulan sobre cómo la exposición y su visita podrían haber sido diferentes. Completa sus comentarios con el condicional perfecto.

1. La exposición _____ (tener) más éxito si hubiera estado en el centro de la ciudad.

2. Nos _____ (gustar) hablar con los artistas.

3. Nosotros _____ (hacer) una entrevista a los pintores si hubiéramos tenido la oportunidad.

4. Los escultores _____ (vender) más esculturas en otra galería.

5. Una colección de arte contemporáneo _____ (ser) más inquietante.

6. Incluir murales en la exposición _____ (atraer) a más público.

2 **Más críticas** Raúl y Julia le comentan a su amigo José que la exposición de arte chileno fue un fracaso y le piden su opinión. Lee los comentarios y escribe lo que José habría hecho en cada caso.

1. No había muchas pinturas al óleo.
(exponer) *Yo habría expuesto más pinturas al óleo.*

2. Había demasiado arte impresionista.
(incluir) _____

3. Las pinturas no eran muy llamativas.
(seleccionar) _____

4. Los artistas no eran populares.
(invitar) _____

5. No hicieron mucha publicidad de la exposición.
(anunciar) _____

6. Todas las obras eran de colores luminosos.
(elegir) _____

3 **Tu opinión** ¿Qué habrías hecho tú para que esta exposición hubiera tenido más éxito? Revisa las dos actividades anteriores y escribe seis oraciones con tus ideas usando el condicional perfecto.

modelo
Yo habría incluido música en vivo.

_____

_____

_____

_____

_____

_____

Workbook

4 **Ponerse en el lugar** Contesta las preguntas haciendo especulaciones sobre cada una de estas situaciones. Usa el futuro perfecto o el condicional perfecto en tus respuestas.

 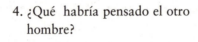 

1. ¿Qué le habrá pasado a este escritor?

_____
_____

2. ¿Quién le habría dado tanto dinero?

_____
_____

3. ¿Qué habrá sentido el pintor?

_____
_____

4. ¿Qué habría pensado el otro hombre?

_____
_____

5. ¿Qué le habrá pasado a la primera bailarina?

_____
_____

6. ¿Qué habría hecho la directora de la compañía si se hubieran lastimado dos bailarinas?

_____
_____
_____

5 **¿Y tú?** Imagina que estás en la situación de cada uno de los personajes de la **actividad 3**. ¿Qué habrías hecho en cada caso? Escribe dos oraciones para cada situación usando el condicional perfecto y al menos cuatro palabras de la lista.

clásico	entrevista	protagonista
de mal gusto	escenario	reflejar
dibujar	literatura juvenil	telón (*curtain*)
directora	pincel	trágico

_____
_____
_____
_____
_____
_____
_____
_____
_____
_____

Workbook

10.3 The past perfect subjunctive

1 Reproches El director de una escuela de arte de Santiago de Chile no está nada contento con la obra de teatro de final de curso que presentaron los estudiantes y por eso se reunió con los profesores. Completa los comentarios del director y de los profesores usando el pluscuamperfecto del subjuntivo.

1. Una obra de teatro más contemporánea _____ (tener) más éxito.

2. Es posible que la obra _____ (estar) mejor con Ramón como protagonista.

3. No podía creer que los estudiantes no _____ (memorizar) sus papeles.

4. Me molestó mucho que ustedes no _____ (preparar) mejor a sus estudiantes.

5. Esperaba que _____ (venir) más público a ver la obra.

6. Los estudiantes habrían trabajado más si nosotros _____ (insistir) en que debían hacerlo.

7. Si nosotros _____ (ensayar) más, la obra no habría sido un fracaso total.

8. Me molestó que los estudiantes no _____ (demostrar) su talento.

2 Comentarios de un profesor envidioso El profesor de teatro está envidioso porque las presentaciones de los talleres de literatura y pintura tuvieron más éxito que la obra de teatro. Lee los comentarios que le hace a su esposa sobre lo que siente y elige la forma verbal correcta para cada caso.

1. No creo que los estudiantes (hayan pintado / hubieran pintado) _____ todos esos cuadros.

2. Me sorprendió que los textos del taller de literatura (hayan tenido / hubieran tenido) _____ errores gramaticales.

3. Era poco probable que los cuadros (hayan sido / hubieran sido) _____ menos inquietantes. El profesor del taller de pintura es muy exagerado.

4. Tenía miedo de que los estudiantes se (hayan olvidado / hubieran olvidado) _____ el guión de sus papeles.

5. No estoy seguro de que el profesor de literatura (haya presentado / hubiera presentado) _____ todo lo que sus estudiantes escribieron.

6. Temo que el director (haya decidido / hubiera decidido) _____ despedir al profesor del taller de pintura.

3 Cuestión de gusto Un profesor de la escuela de arte no está satisfecho con la escultura de un estudiante. El estudiante no está de acuerdo con la opinión del profesor. Escribe una conversación entre el profesor y el estudiante. Usa las frases de la lista y combínalas con el pluscuamperfecto del subjuntivo.

me sorprendió que	habría preferido que
nunca pensé que	mis compañeros y yo esperábamos que

modelo

Profesor: Quería hablar contigo porque me sorprendió que hubieras hecho una escultura tan poco creativa...

_____

_____

_____

4 **Artículo** El periódico de la escuela de arte publicó un artículo sobre la obra de teatro. Sin embargo, las opiniones del periodista fueron bastante distintas de las del director. Escribe seis oraciones usando al menos diez palabras de la lista y el pluscuamperfecto del subjuntivo para expresar las opiniones positivas del periódico de la escuela.

alegrarse	molestar
desear	obra de teatro
director	padres
estudiantes	personajes
gustar	preferir
importar	público

modelo

No me molestó que la obra de teatro hubiera sido demasiado larga.

_____

_____

_____

_____

_____

_____

5 **Primeras impresiones** ¿Te acuerdas de la primera vez que visitaste un museo de arte? ¿Cómo reaccionaste al ver las obras? Completa estas oraciones usando el pluscuamperfecto del subjuntivo para describir lo que estabas pensando en aquel momento. Usa al menos seis palabras de la lista.

acuarela	cuadro	naturaleza muerta
autorretrato	exposición	murales
contemporáneo	luminoso	surrealismo

modelo

Me gustó que *mi profesora de arte hubiera organizado una excursión al museo.*

1. Dudé que _____

2. Era improbable que _____

3. Me alegré de que _____

4. Me sorprendió que _____

5. Nunca había pensado que _____

6. Me gustó mucho que _____

MANUAL DE GRAMÁTICA

10.4 *Si* clauses with compound tenses

1 **Galería de arte** La primera exposición de la nueva galería de arte Espacio ha sido un fracaso y el dueño y los artistas analizan sus errores. Une estas oraciones para saber qué se debe cambiar en la galería. Lee con atención para elegir la mejor opción en cada caso.

_____ 1. Los retratos se habrían visto mejor	a. los turistas habrían visitado la exposición.
_____ 2. Más personas habrían visitado la galería	
_____ 3. La exhibición habría impresionado más al público	b. las pinturas se habrían destacado más.
	c. si se hubieran iluminado con luz blanca.
_____ 4. Si no hubieran costado tanto las obras,	d. si hubiera habido obras de artistas famosos.
_____ 5. Si la sala hubiera estado menos desordenada,	
_____ 6. Si la galería se hubiera abierto durante las vacaciones,	e. si se hubiera hecho más publicidad.
	f. se habría vendido al menos una.

2 **Soñando despierta...** Dos amigas conversan sobre la vida de Ana Colmenar, una actriz famosa. Una de ellas considera que su vida habría podido ser muy diferente. La otra no está de acuerdo. Completa la conversación con el pluscuamperfecto del subjuntivo o el condicional perfecto.

MATILDE Si tú 1) _____ (estar) en el lugar de Ana Colmenar, tú nunca

2) _____ (conseguir) tanto éxito.

ANDREA ¡Pues claro! Si yo 3) _____ (estudiar) teatro, yo

4) _____ (morirse) de hambre. Soy una actriz pésima, pero sí que soy buena bailarina.

MATILDE Ah, la vida es tan injusta a veces. Si yo 5) _____ (poder) ir a aquella audición donde la descubrieron, yo 6) _____ (vivir) como una reina el resto de mi vida...

ANDREA ¡Tú naciste en 1985 y aquella audición fue en 1984!

MATILDE Lo sé. Si yo 7) _____ (nacer) antes, quizás

8) _____ (convertirse) en una estrella famosa.

ANDREA Ay, Matilde, y si yo 9) _____ (vivir) en la década de 1960,

10) _____ (ser) integrante de los Beatles. ¡Ya déjate de tonterías! Eres buena actriz y si te esfuerzas algún día serás famosa.

3 **Una vida diferente** Completa estas oraciones para describir cómo habría sido tu vida si hubieras hecho ciertas cosas.

1. Habría estudiado teatro si _____

2. Mi vida habría sido diferente si _____

3. Habría sido pintor(a) o escritor(a) si _____

4. Habría sido más feliz si _____

LECTURA

1 **Antes de leer** ¿Cuál es tu pintor(a) preferido/a? ¿Por qué? _____

_____

La realidad de Frida Kahlo, tan dramática como intensa

Se han escrito muchos libros sobre ella, se le han dedicado grandes producciones cinematográficas y la han representado megaestrellas, como Salma Hayek. Esto es porque la vida de Frida Kahlo fue casi tan dramática como intensa.

Frida nació en 1907, tres años antes de que empezara la Revolución Mexicana, en la que murieron más personas que en ninguna otra revolución en la historia del mundo. Frida pasó su infancia entre un barrio residencial de la Ciudad de México, donde vivía con su familia, y las calles del centro de la capital, donde se encontraba el estudio fotográfico de su padre. A los 19 años de edad tuvo un terrible accidente de tranvía. El accidente le produjo graves heridas internas que le causaron dolores durante toda su vida y por culpa de las cuales no pudo tener hijos. En el mismo año comenzó a pintar mientras se recuperaba en la cama. Su amor por el arte y la pintura la llevaron a conocer en 1928 al gran muralista Diego Rivera, con el cual se casó dos años después. Diego Rivera era 21 años mayor que Frida; ella tenía 22 años y él 43. A principios de la década de 1930, vivieron unos años entre San Francisco, Detroit y Nueva York, donde conocieron a personajes importantes como Nelson Rockefeller. En 1934 regresaron a México y se hicieron miembros del Partido Comunista, luchando por los derechos de los indígenas y campesinos de su país. En 1937 Frida ayudó a León Trotsky y a su esposa en su lucha revolucionaria. Y un año después Frida tuvo la primera exposición individual de sus pinturas en Nueva York. En México su primera exposición fue en 1953. Los últimos días de su vida fueron muy trágicos. Diego y ella se divorciaron y ella se enfermó tanto que tuvo que pasar nueve meses en un hospital. Murió en 1954, a los 47 años de edad.

2 **Después de leer**

A. Cierto o falso Indica si las afirmaciones son **ciertas** o **falsas**.

Cierto	Falso	
❏	❏	1. Frida Kahlo nació durante la Revolución Mexicana.
❏	❏	2. En 1926 Frida tuvo un terrible accidente.
❏	❏	3. Frida comenzó a pintar cuando conoció a Diego.
❏	❏	4. Diego y Frida se casaron en 1930.
❏	❏	5. Después de vivir en los Estados Unidos, regresaron a México en 1934.
❏	❏	6. Frida tuvo su primera exposición en México.

B. Preguntas Contesta las preguntas.

1. ¿Cuál es el acontecimiento que más te impresionó de la vida de Frida Kahlo?

_____

2. ¿Por qué piensas que Frida Kahlo es tan famosa?

_____

3. ¿Te recuerda Frida Kahlo a otro/a pintor(a) o artista? ¿Por qué?

_____

4. ¿Conoces los autorretratos o alguna otra obra de Frida Kahlo? ¿Te gustan? ¿Por qué?

_____

COMPOSICIÓN

Vas a escribir una crítica de una obra de arte o de literatura.

PREPARACIÓN

Piensa en algunas obras de arte que hayas visto o en algunas obras literarias (poemas, novelas, cuentos, etc.) que hayas leído en el libro de texto. Elige una obra de arte y una obra literaria y completa la información del cuadro.

Obra de arte	Obra literaria
Título: _____	Título: _____
Artista: _____	Autor(a): _____
Lo que me gusta: _____ _____	Lo que me gusta: _____ _____

COMPOSICIÓN

Elige la obra de arte o la obra literaria y escribe una crítica que incluya esta información.

- Descripción de la obra.
- Crítica de la obra dando ejemplos específicos. Incluye las expresiones que aprendiste en el episodio de la **Fotonovela** en esta lección. Considera los aspectos que más te gustaron y los que menos te interesaron.
- Al menos dos cláusulas condicionales (**si**) con tiempos compuestos.

_____

_____

_____

_____

_____

_____

_____

_____

_____

_____

_____

_____

_____

_____

Fecha

Workbook

CONTEXTOS

Lección 11
La política y la religión

1 **Definiciones** Empareja cada palabra con su definición.

_____ 1. persona que no cree en Dios	a. mezquita
_____ 2. persona que se presenta a una elección	b. guerra
_____ 3. grupo de gente que protesta	c. candidato
_____ 4. conflicto político entre dos bandos	d. embajador
_____ 5. persona que representa a su país fuera de él	e. ateo
_____ 6. lugar sagrado de la religión musulmana	f. manifestación
_____ 7. dar la bendición	g. bendecir
_____ 8. persona que tiene fe	h. creyente

2 **Analogías** Completa la analogía con la palabra adecuada.

1. ganar : perder :: conservador : _____

2. gobernador : gobernar :: emigrante : _____

3. justo : injusto :: igual : _____

4. moral : inmoral :: mayoría : _____

3 **Lemas de la campaña** Usa estas palabras para completar eslóganes políticos para una campaña electoral.

campaña	injusto	minorías
ciudadanos	jueza	partidos políticos
conservadora	justa	polémica
derechos humanos	libertad	proyecto de ley

1. La única forma de gobierno _____ es la democracia.

2. Los dos _____ deben dejar de pelearse y comenzar a trabajar juntos.

3. ¡Decimos basta a los abusos de los _____! Todo ser humano merece respeto.

4. Nuestro partido cree en la igualdad de todos los _____, las mayorías

   y las _____.

5. Debemos defender la _____ de prensa. Luchemos en contra de la censura.

6. Estamos cansados de la _____. ¡Menos discusión y protesta y más acción!

7. Un país en que no se respetan los derechos humanos es un país _____.

8. Queremos un Congreso que toma decisiones. ¡Aprueben ya mismo el _____!

4 **Elecciones** En Potosí, Bolivia, se van a realizar las elecciones para la alcaldía de la ciudad. Completa esta rueda de prensa (*press conference*) con las respuestas del candidato Daniel Ordóñez y las palabras de la lista.

campaña	fe	mayoría
comunidades	gana las elecciones	partido político
creer	ideología	protestan
derechos humanos	igualdad	proyecto de ley
discurso	manifestación	votar

PERIODISTA 1 ¿Cuáles son los puntos más importantes de su 1) _____ política?

ORDÓÑEZ Los miembros de mi 2) _____ y yo luchamos por la
3) _____ económica y el respeto a los 4) _____,
especialmente los de las 5) _____ indígenas en este país.

PERIODISTA 2 ¿Qué opina de la 6) _____ en las calles de La Paz en contra de la
aprobación del nuevo 7) _____ sobre el medioambiente?

ORDÓÑEZ La verdad es que no me preocupa. Solamente 8) _____
contra las medidas propuestas las personas con una 9) _____
conservadora, pero la 10) _____ de la población está de acuerdo.

PERIODISTA 3 ¿Qué pasará si usted no 11) _____?

ORDÓÑEZ Tengo 12) _____ en mi programa político y en los ciudadanos
de Potosí. Y si hay alguien que no crea en mí, va a 13) _____
después de escuchar el 14) _____ que pronunciaré mañana, y ya
nadie tendrá más dudas sobre a quién 15) _____.

5 **Un discurso político** Imagina que el candidato a alcalde te pide que le prepares un discurso para un acto de campaña electoral. Básate en las notas del candidato para escribir el discurso y utiliza al menos ocho palabras de la lista para expandir las ideas.

Notas:
- *la emigración del campo a las ciudades*
- *la lucha contra la corrupción*
- *los derechos de las comunidades indígenas*

aprobar	creer	ganar las elecciones	justo
campaña	derechos humanos	igualdad	polémica
ciudadanos	discurso	inscribirse	votar

_____

_____

_____

_____

_____

ESTRUCTURA

11.1 The passive voice

1 **Noticias** Empareja las dos columnas para formar titulares de noticias periodísticas.

_____ 1. Los derechos de la mujer argentina

_____ 2. Fue aprobada

_____ 3. Ayer fue cancelada

_____ 4. La política de la líder Ana Gutiérrez

_____ 5. Serán investigados por corrupción

_____ 6. Serán aceptadas

a. fue criticada por los países europeos.

b. fueron reivindicados ayer en un acto en conmemoración de la muerte de Eva Perón.

c. la ley que prohíbe el uso de teléfonos celulares en los bancos.

d. la manifestación en protesta por los nuevos impuestos para los agricultores.

e. las renuncias de los Ministros de Educación y de Justicia.

f. los jueces de la Corte Suprema.

2 **Candidatos** Lee la información sobre estos candidatos y completa las oraciones en voz pasiva con el participio de los verbos entre paréntesis.

Emilio Sánchez fue senador del Partido de la Justicia. Comenzó su vida política a los 21 años, cuando fue 1) _____ (elegir) presidente del centro de estudiantes de su universidad. Luego participó en el Partido de la Justicia por 23 años. Fue diputado y senador. Era 2) _____ (querer) por la mayoría de su partido, pero él no estaba seguro de continuar con esa asociación política. Muchos actos de corrupción fueron 3) _____ (realizar) por algunos miembros del partido. Por eso, decidió formar un nuevo partido político: Partido Alianza. Él cree que la justicia y la libertad deben ser 4) _____ (defender) siempre.

María Bustamante tiene 35 años y por eso muchos creen que no puede ser candidata a presidenta. La juventud es 5) _____ (considerar) un factor en contra suyo. Además, hay gente que piensa que las mujeres son 6) _____ (influenciar) fácilmente. Pero eso no es cierto. Aunque es joven, María ha luchado por los derechos de las minorías y fue 7) _____ (premiar) por muchas organizaciones internacionales. Los integrantes del Partido Alianza creen que María puede ser una excelente candidata.

Marcelo Roig es médico. A los 25 años fue 8) _____ (arrestar) por haber participado en un grupo que luchaba contra la violación de los derechos humanos. Piensa que la democracia nunca ha sido 9) _____ (respetar) en su país. Cuando fue 10) _____ (poner) en libertad, Marcelo se transformó en un líder de un grupo de obreros. Luego se quiso dedicar a la política, pero no fue 11) _____ (aceptar) por ningún partido porque había estado preso. Su trabajo como activista es 12) _____ (reconocer) a nivel internacional.

3 **La campaña** Los integrantes del Partido Alianza deben dar a conocer sus propuestas de gobierno. Transforma estas oraciones de voz activa a voz pasiva. Sigue el modelo.

> **modelo**
> Todos los ciudadanos elegirán a los diputados.
> *Los diputados serán elegidos por todos los ciudadanos.*

1. Nosotros presentaremos la ley anticorrupción.

_____

2. El Ministerio de Justicia dará información sobre todos los jueces.

_____

3. No se discriminará a ninguna persona por su sexo, color, nacionalidad o creencias religiosas.

_____

4. Van a respetarse todas las religiones.

_____

5. Dejaremos en libertad a todos los presos políticos.

_____

4 **Un estudiante en problemas** Imagina que no has hecho tu tarea para la clase de ciencias políticas. Haz una lista de seis excusas para darle a tu profesor(a) usando la voz pasiva.

> **modelo**
> *Mi computadora fue destruida por una tormenta.*

1. _____
2. _____
3. _____
4. _____
5. _____
6. _____

5 **Datos biográficos** Piensa en un(a) político/a o líder destacado/a de tu comunidad o tu país y escribe datos relacionados con el pasado, el presente y el futuro de esta persona. Usa la voz pasiva.

> **modelo**
> *Cuando pronunció el discurso, sus palabras fueron bien recibidas.*
> *Su autobiografía será convertida en una miniserie para televisión.*

_____

_____

_____

_____

11.2 Uses of *se*

1 **Democracia** Completa la lista de derechos que existen en una democracia. Usa la forma correcta de los verbos entre paréntesis.

> **En una verdadera democracia ...**
>
> 1) se _____ (tener) el derecho a votar. Todas las personas mayores de cierta edad pueden hacerlo.
>
> 2) se _____ (votar) en secreto.
>
> 3) se _____ (respetar) los derechos humanos universales.
>
> 4) se _____ (permitir) la libertad de prensa.
>
> 5) todos los ciudadanos se _____ (poder) presentar como candidatos si lo desean.

2 **Dicho de otra manera** Transforma estas oraciones de voz pasiva a oraciones pasivas con **se**.

1. La alcaldesa fue echada de su cargo.

   _____

2. Los jueces son investigados.

   _____

3. El proyecto de ley fue aprobado.

   _____

4. La manifestación fue cancelada.

   _____

5. Los votos fueron contados.

   _____

6. Los derechos humanos son respetados.

   _____

3 **¿Qué pasó?** Completa estas oraciones sobre acontecimientos inesperados con la opción correcta.

1. A la diputada **se** le perdieron _____.

   a. unos documentos   b. su pasaporte   c. la cartera

2. Al alcalde **se** le olvidó _____.

   a. los nuevos proyectos de ley   b. el discurso   c. los votos

3. A los candidatos **se** les acabó _____.

   a. los argumentos políticos   b. los folletos informativos   c. la paciencia

4. Al gobernador **se** le perdió _____.

   a. las listas de los votantes   b. las gafas   c. la lista de invitados a la reunión de asesores

Workbook

4 **Anuncios** Imagina que formas parte del centro estudiantil de tu escuela y, junto con otros estudiantes, estás preparando una lista de anuncios. Escribe los anuncios con la información dada. Usa la pasiva con **se** y el **se** impersonal y haz los cambios que sean necesarios.

> **modelo**
> Organizar una rifa / comprar computadoras / laboratorio
> *Se organiza una rifa para comprar computadoras para el laboratorio.*

1. prohibir / no participar / los torneos deportivos de la escuela

_____

2. pedir participación / elecciones de presidente estudiantil / próximo 30 de noviembre

_____

3. proponer / una iniciativa / reciclar basura en el barrio de la escuela

_____

4. poder / asistir / reuniones del centro estudiantil / todos los viernes

_____

5. buscar / voluntarios / acto de fin de curso

_____

6. informar / estudiantes / nuevo programa musical / radio estudiantil

_____

7. necesitar / tutores / enseñar español a estudiantes con dificultades

_____

8. vender / libros usados / buen estado para el próximo año

_____

5 **Problemas de convivencia** Imagina que vives en una casa multicultural con estudiantes de cinco culturas distintas y hay muchos problemas de convivencia. Prepara una lista de nueve instrucciones que darías a tus compañeros para que todos puedan llevarse mejor. Usa la voz pasiva, la pasiva con **se** y el **se** impersonal. ¡Sé creativo/a!

> **modelo**
> (pasiva) *El cuarto de baño será limpiado cada día por un estudiante diferente.*

1. _____
2. _____
3. _____

> **modelo**
> (pasiva con se) *Se repartirá el trabajo entre todos.*

4. _____
5. _____
6. _____

> **modelo**
> (se impersonal) *Se prohíbe hacer fiestas después de las diez de la noche.*

7. _____
8. _____
9. _____

11.3 Prepositions: *de, desde, en, entre, hasta, sin*

1 **Asuntos políticos** Elige la preposición adecuada para completar estas oraciones sobre temas políticos.

1. _____ (a. Sin / b. Hasta / c. En) una buena campaña política, no ganaremos las elecciones.

2. Hubo un escándalo de corrupción _____ (a. hasta / b. en / c. entre) el gobierno anterior.

3. Tenemos una reunión en la oficina _____ (a. de / b. en / c. entre) la embajadora.

4. El dinero fue repartido _____ (a. de / b. en / c. entre) todos los candidatos.

5. El asunto fue tratado _____ (a. desde / b. en / c. entre) los principales partidos políticos.

6. El proyecto de ley sobre la inmigración se viene discutiendo _____ (a. desde / b. de / c. entre) el año pasado.

2 **Asuntos religiosos** Completa estas oraciones sobre temas religiosos con las preposiciones **de, desde, en, entre, hasta** y **sin**.

1. La construcción del templo llevó casi tres años, _____ el año 2004 _____ el año 2006.

2. ¿Cuál es la diferencia _____ un ateo y un agnóstico?

3. Los ateos no creen _____ Dios.

4. El funeral del alcalde se celebró _____ la iglesia de San Pablo.

5. Hay una diferencia enorme _____ meditar y rezar.

6. ¿Crees que es verdad que no se puede vivir _____ fe?

3 **Artículo** Completa este artículo periodístico con las preposiciones **de, desde, en, entre** y **hasta**.

Bolivia: movilizaciones por la tierra

Las comunidades indígenas bolivianas marchan para que se apruebe la ley para la expropiación 1) _____ latifundios° propuesta por el presidente Evo Morales. 2) _____ cambio, los productores agropecuarios protestan 3) _____ contra 4) _____ esta medida.

Representantes de estas comunidades irán 5) _____ La Paz 6) _____ tres marchas que provienen 7) _____ diferentes partes del país.

Por su parte, los agropecuarios° se declararon 8) _____ el martes pasado en movilización permanente. Su primera acción consistirá 9) _____ organizar otra marcha la próxima semana que llegará 10) _____ Santa Cruz, la capital económica del país.

"Necesitamos una ley de modificación para recuperar las tierras que están en manos 11) _____ los terratenientes° y distribuirla equitativamente 12) _____ campesinos y comunidades indígenas", dijo Carlos Sánchez, el dirigente 13) _____ las comunidades aymaras 14) _____ un discurso a los campesinos del altiplano boliviano.

latifundios *large estates* **agropecuarios** *agricultural and livestock* **terratenientes** *landlords*

Workbook

4 **Oraciones incompletas** Elige la preposición correcta y completa las oraciones con tus propias ideas.

1. _____ (Sin/En) duda, los ciudadanos quieren un candidato _____.

2. _____ (Hasta/Sin) este momento, no hay líderes religiosos _____.

3. _____ (Desde/Hasta) joven, mi ideología política es _____.

4. Los partidos _____ (de/en) ideología _____.

5. _____ (En/Hasta) mi país, las religiones _____.

6. _____ (Desde/Entre) el comienzo de la campaña hasta las elecciones, _____.

5 **La religión y la política** En muchos países, la política y la religión van de la mano, mientras que otras naciones se caracterizan por la separación entre la iglesia y el estado. Elige una de estas preguntas y escribe un párrafo con tu opinión. Incluye seis oraciones con las preposiciones: **de, desde, en, entre, hasta** y **sin**.

- ¿Estás de acuerdo en que un líder religioso se presente como candidato político?
- ¿Qué piensas sobre la separación de la iglesia y el estado?
- ¿Se debería enseñar religión en las escuelas públicas?

_____

_____

_____

_____

_____

_____

_____

_____

_____

_____

_____

_____

_____

_____

_____

_____

Workbook

MANUAL DE GRAMÁTICA

11.4 Past participles used as adjectives

1 **Entrevista a dos candidatos** Julieta, una escritora del periódico de la escuela, quiere entrevistar a dos candidatos para la presidencia del Centro de Estudiantes: Marina y Diego. Completa las preguntas que Julieta prepara para la entrevista con Marina con la forma adecuada del participio de los verbos entre paréntesis.

1. ¿Por qué crees que estás _____ (preparar) para ser presidenta?
2. ¿Estás _____ (informar) sobre las necesidades de la escuela y de los estudiantes?
3. ¿Están _____ (preocupar) los estudiantes por el futuro de la escuela?
4. ¿Están bien _____ (organizar) las otras campañas?
5. ¿Por qué estás _____ (enojar) con el presidente actual del Centro de Estudiantes?
6. ¿Diego estaba _____ (sorprender) por tu candidatura?

2 **Los candidatos** Completa las oraciones sobre los candidatos a la presidencia del Centro de Estudiantes. Usa **estar + participio pasado** de uno de los verbos de la lista. Hay un verbo que no debes usar.

| callar | despeinar | marear |
| cansar | lastimar | relajar |

1. Marina no ha tenido tiempo de hacer nada últimamente. Esta mañana hasta se le olvidó mirarse en el espejo antes de salir de la casa. Por eso Marina _____.
2. Juan y Diego no durmieron anoche. Han pasado las últimas tres semanas trabajando duro para ganar las elecciones. Hoy ellos _____.
3. Martín está muy nervioso y la cabeza le está dando vueltas. Evidentemente, Martín _____.
4. Antonio no sabe ni qué decir. No tiene ganas de hablar con nadie. Antonio _____.
5. Carina durmió muy bien anoche. Se siente muy bien y tiene mucha confianza en sí misma. Carina _____ y por eso sonríe.

3 **Los resultados** Julieta entrevista a algunos de los candidatos después de las elecciones. Escribe las preguntas de Julieta usando **estar + participio pasado**. Hay un verbo que no debes usar.

1. **MARINA** ¡Qué feliz estoy! ¡No lo puedo creer!
   JULIETA ¿Por qué _____?
2. **JUAN** ¡No quiero hablar con nadie! ¡Esto es una injusticia!
   JULIETA ¿Por qué _____?
3. **MARTÍN** ¡Qué tristeza siento! Creo que voy a llorar.
   JULIETA ¿Por qué _____?
4. **ANTONIO** De verdad no importa si perdí. No quería la responsabilidad de ser presidente.
   JULIETA ¿Por qué _____?
5. **CARINA** Estoy muy molesta. ¡Esto es una vergüenza!
   JULIETA ¿Por qué _____?

aliviar
disgustar
deprimir
enojar
lastimar
sorprender

LECTURA

1 **Antes de leer**

1. ¿Te interesa la política? ¿Porqué? _____

_____

2. ¿Es importante participar en las actividades políticas de tu país y/o comunidad? ¿Por qué?

_____

Costa Rica, modelo económico y político

Costa Rica, conocida por la belleza de sus selvas y playas, tiene una historia política singular dentro de Centroamérica, pues es uno de los pocos países de la región que, desde el siglo XIX, goza de paz y de estabilidad económica.

A esta pequeña república se le ha denominado "la Suiza de Latinoamérica" por tener la democracia más antigua de Centroamérica. Su constitución data de 1871, y sólo se han hecho reformas en contadas ocasiones. En el siglo XX, sus gobiernos, casi siempre de carácter moderado y ayudados por las épocas de bonanza económica, llevaron al país a disfrutar de una gran prosperidad.

Las condiciones de vida en Costa Rica son muy buenas, gracias a que el gobierno dedica gran parte de su presupuesto a gastos sociales. Cada año el 20% del presupuesto nacional es destinado a la educación y a la salud. Este sistema de salud, que funciona desde 1942, cubre a todos los habitantes.

En la actualidad, Costa Rica exporta desde café, bananas y cacao, hasta sofisticados programas de software. La infraestructura es buena y las escuelas y las universidades tienen un alto nivel.

El país es, también, la sede de varias organizaciones internacionales, como el Consejo de la Tierra, la Universidad para la Paz y el Tribunal Iberoamericano de los Derechos Humanos. En 1987, se le entregó el Premio Nobel de la Paz al entonces presidente de Costa Rica, Óscar Arias.

¿Qué más se puede decir de este pequeño país centroamericano? Hay otro dato que te va a sorprender: Costa Rica es el único país del mundo que no tiene ejército. Lo disolvió en 1948.

2 **Después de leer** Indica si estas afirmaciones son **ciertas** o **falsas**.

Cierto	Falso	
❏	❏	1. Costa Rica es un país económicamente estable desde el siglo XIX.
❏	❏	2. Costa Rica tiene la democracia más antigua de Centroamérica.
❏	❏	3. La constitución costarricense se creó antes de 1870.
❏	❏	4. Un 20% del presupuesto nacional es destinado anualmente a la educación y a la salud pública.
❏	❏	5. Costa Rica no exporta productos tecnológicos.
❏	❏	6. En 1987, Óscar Arias entregó un premio a la Universidad para la Paz.
❏	❏	7. El Consejo de la Tierra tiene su sede en Costa Rica.
❏	❏	8. Costa Rica no tiene ejército.

COMPOSICIÓN

Imagina que eres un(a) candidato/a a presidente de la asociación estudiantil de tu escuela o universidad en las próximas elecciones.

PREPARACIÓN

Describe cómo sería tu programa político como candidato/a a presidente y explica qué estrategias utilizarías para hacer tu campaña política y ganar los votos de los estudiantes.

Programa político	Estrategias

COMPOSICIÓN

Prepara tu agenda política como candidato/a a presidente de tu escuela o universidad y tu plan para presentar tu programa a los estudiantes.

- Explica qué aspectos de tu personalidad hacen que tú seas un(a) buen(a) candidato/a.
- Describe tu plan para presentar tu programa a los estudiantes (discursos, debates, visitas a las clases, blogs, páginas web, etc).
- Describe las mejoras que realizarás en los diferentes aspectos de la institución (programa educativo, salud, cafetería, biblioteca, medio ambiente, etc).
- Termina tu composición con un eslógan político para tu campaña.

_____

_____

_____

_____

_____

_____

_____

_____

_____

_____

_____

_____

Lección 11 Workbook

CONTEXTOS

Lección 12
La historia y la civilización

1 Definiciones Escribe la palabra que corresponde a cada una de estas definiciones.

civilización	derrotar	invadir	reina
década	inestabilidad	monarca	sabiduría

1. _____: príncipe soberano de un estado

2. _____: situación de inseguridad y falta de equilibrio

3. _____: período de diez años

4. _____: vencer en una batalla o guerra

5. _____: alto nivel de desarrollo cultural de las sociedades

6. _____: entrar por la fuerza en un lugar

7. _____: conocimiento profundo en ciencias, letras o artes

8. _____: esposa del rey

2 La conquista del Perú Lee este breve texto sobre la conquista del Perú y complétalo con las palabras de la lista.

conquista	guerra	imperio
conquistar	habitantes	sabiduría

La pregunta frecuente es cómo ciento cincuenta o ciento ochenta españoles pudieron
1) _____ tan fácilmente el 2) _____ inca, que tenía entre doce y
dieciséis millones de 3) _____. La 4) _____ no fue consecuencia
de su poder físico o 5) _____ privilegiada, sino que simplemente se debió a
que, cuando los españoles llegaron a estas tierras, los incas se encontraban en medio de una
sangrienta 6) _____ civil.

3 Una de más Indica la palabra que no pertenece al grupo.

1. monarca   dictador   presidente   colonia
2. liberar   invadir   oprimir   conquistar
3. siglo   reino   década   época
4. sabiduría   soberanía   aprendizaje   conocimiento
5. poblar   habitar   injusto   establecerse
6. ejército   fuerzas armadas   soldado   gobierno

4 **Más definiciones** Elige seis palabras y escribe una breve definición para cada una.

batalla	independencia
colonizar	pacífico
dictador	poblar
guerrero	poderoso
historiador	siglo

1. _____

2. _____

3. _____

4. _____

5. _____

6. _____

5 **Un período en la historia** ¿Hay algún período de la historia que te interese más que otros? Elige un período de la historia de tu país o de la historia del mundo que encuentres interesante, y escribe un breve párrafo. Usa al menos ocho palabras de la lista.

antiguo	herencia	soberanía
conocimiento	poblar	sociedad
conquistar	poderoso	soldado
culto	reino	victorioso

_____

_____

_____

_____

_____

_____

_____

_____

_____

_____

ESTRUCTURA

12.1 Uses of the infinitive

1 **¡A emparejar!** Empareja las expresiones de las dos columnas para formar oraciones lógicas.

1. Al ganar las elecciones, _____	a. respetar los derechos humanos.
2. El historiador debió _____	b. hablar de la guerra civil en su artículo.
3. El cacique mandó _____	c. expulsar a algunos miembros de la tribu.
4. Para vivir en democracia es importante _____	d. adorar a otros dioses.
5. El dictador dio las órdenes _____	e. el político se tuvo que dirigir al público.
6. Los conquistadores españoles prohibieron _____	f. sin considerar las consecuencias.

2 **Oraciones** Forma oraciones combinando estos elementos. Usa el **pretérito** o el **imperfecto** y el **infinitivo**. Haz los cambios necesarios.

1. conquistadores / pensar / descubrir / otros territorios
   Los conquistadores pensaban descubrir otros territorios.

2. Jesuitas / lograr / fundar comunidades / por todo el continente americano
   _____

3. yo / quedar / ver / documental / civilización maya / con una amiga
   _____

4. presidente / tardar / aprobar / nuevo proyecto de ley
   _____

5. ciudadanos / oír / hablar / candidato conservador
   _____

6. En el siglo XIX / iglesia / soler / influenciar / creyentes / en su voto
   _____

3 **Los pedidos de un profesor** Roberto Andino es un profesor universitario. Lee algunos pedidos que les hace a sus estudiantes y reescríbelos siguiendo el modelo.

hacer	permitir
pedir	prohibir

1. Escríbanme un informe con sus preguntas antes de la clase y mándenmelo por correo electrónico.
   Les pide escribir un informe con sus preguntas antes de la clase y mandárselo por correo electrónico.

2. Preparen el informe sobre la cultura maya en Guatemala. _____

3. Hagan la tarea para todas las clases. _____

4. No pueden faltar a los exámenes. _____

5. Pueden hacer los trabajos de investigación en grupo. _____

6. Está prohibido copiarse en los exámenes. _____

4 **Entrevista** Completa la entrevista que una reportera le hizo a un famoso director especializado en cine histórico después de rodar una serie sobre el descubrimiento de América. Contesta las preguntas con oraciones completas.

REPORTERA ¿Qué siente al terminar de filmar las últimas escenas de la serie?

DIRECTOR _____

REPORTERA ¿Qué tiene que pasar antes de que veamos la serie en la televisión nacional?

DIRECTOR _____

REPORTERA ¿Qué es lo más importante a la hora de hacer cine histórico?

DIRECTOR _____

REPORTERA ¿Qué quiere hacer después de este proyecto?

DIRECTOR _____

REPORTERA ¿Cuánto tardó usted en escribir el guión?

DIRECTOR _____

REPORTERA ¿Qué ha aprendido en este proyecto?

DIRECTOR _____

5 **Crítica de cine** Piensa en la última película o documental que viste y escribe una breve crítica. Incluye un breve argumento y tu opinión personal. Usa al menos seis expresiones de la lista.

acabar de	para elegir	sin considerar
al filmar	pensar en	tener que
llegar a	saber dirigir	tratar de

_____

_____

_____

_____

_____

_____

_____

_____

_____

_____

_____

_____

12.2 Summary of the indicative

1 Fragmentos de clase Lee estos fragmentos de una clase de historia sobre las culturas americanas antiguas y selecciona el tiempo verbal apropiado para cada uno.

1. Desde hace siglos, todos los pueblos (intentarían / han intentado / intentarán) explicar los orígenes de los seres humanos.

2. "¿Cómo (aparecieron / aparecemos / aparecimos) en la Tierra?" Ésa (era / será / sería) la pregunta.

3. Para contestarla, muchos pueblos (inventaron / habrían inventado / habrán inventado) historias.

4. Esas historias (eran / serán / son) los mitos de la actualidad.

5. En la próxima hora, (leen / leyeron / leerán) algunos mitos de distintos pueblos.

6. La ciencia también (trataría / tratará / trata) de responder a la misma pregunta, pero no lo (hace / haría / habrá hecho) con historias.

7. Los científicos (buscaron / buscan / buscarán) y todavía hoy (siguieron / siguen / seguirán) buscando pruebas para contestar esa pregunta.

8. Los restos de esqueletos, los objetos antiguos, las obras de arte y los restos de viviendas antiguas les (servirían / servirán / han servido) a los arqueólogos para formular hipótesis sobre cómo (vivían / vivirán / viven) los humanos en la antigüedad.

2 Los mitos mayas Según algunos historiadores, el objeto de los mitos en la cultura maya era conservar la estructura de poder y dar una explicación a la organización del cielo. Completa este párrafo sobre el mito maya de la creación humana con el **pretérito** o el **imperfecto**.

El mito maya quiché cuenta el origen del ser humano. De acuerdo con este mito, el ser humano no 1) _____ (ser) hecho de una sola vez, sino que los dioses lo 2) _____ (intentar) tres veces. La primera vez lo 3) _____ (hacer) de barro (*mud*), pero esos humanos 4) _____ (ser) muy flojos y se 5) _____ (caer). Por eso, los dioses los 6) _____ (destruir). Después, los 7) _____ (fabricar) de madera, pero 8) _____ (parecer) muy duros, y no 9) _____ (poder) pensar en los dioses. Los dioses 10) _____ (dejar) que se los comieran los animales salvajes. Por último, los 11) _____ (construir) de maíz amarillo y blanco. Estos humanos, que 12) _____ (ser) creados con alimento, 13) _____ (poder) hablar y pensar en los dioses. Nosotros somos los hijos de los hijos de los hijos de aquellos humanos.

3 Para pensar Contesta estas preguntas sobre el mito maya de la actividad anterior.

1. ¿Por qué los dioses destruyeron a los humanos de barro?

_____

2. Si los humanos de madera hubieran podido pensar en los dioses, ¿habrían dejado los dioses que se los comieran los animales salvajes? ¿Por qué?

_____

3. Finalmente, ¿de qué material hicieron los dioses a los humanos? ¿Por qué crees que el mito hace referencia a esos materiales y no a otros?

_____

Workbook

4 **Un dato interesante** Haz cinco preguntas sobre este texto usando los tiempos verbales indicados.

Cuando los españoles llegaron a América, destruyeron los textos sagrados de los mayas. Pero los mayas, que sabían conservar la memoria de su pueblo, memorizaron durante mucho tiempo la historia, y así lograron conservar su legado transmitiendo oralmente su historia a través de las generaciones.

modelo

(condicional perfecto) ¿Qué **habría pasado** si los españoles no hubieran destrozado los textos sagrados?

1. (condicional perfecto) _____

2. (futuro perfecto) _____

3. (presente perfecto) _____

4. (pretérito) _____

5. (pluscuamperfecto) _____

5 **Mitos, leyendas y creencias** Piensa en un mito, leyenda o creencia de tu cultura y escribe una composición de por lo menos ocho oraciones. Incluye por lo menos cuatro tiempos verbales diferentes en el modo indicativo. Llévala a la clase para compartirla con tus compañeros.

_____
_____
_____
_____
_____
_____
_____
_____
_____
_____
_____
_____
_____
_____
_____

12.3 Summary of the subjunctive

1 **La nueva profesora de historia** Éstas son algunas de las recomendaciones y advertencias que la nueva profesora de historia les hizo a sus estudiantes. Indica la forma verbal adecuada para cada oración.

1. Creo que la historia (es / sea / ser) un conocimiento importantísimo para comprender los cambios políticos actuales.

2. No les exigiré (aman / amen / amar) la historia como la amo yo.

3. Pero quiero que (sienten / sientan / sentir) respeto por ella.

4. Es cierto que yo (doy / dé / dar) muchas tareas.

5. Pero no es cierto que yo (soy / sea / ser) injusta.

6. Sin embargo, siempre esperaré que (cumplen / cumplan / cumplir) con todas sus responsabilidades.

7. Les recomiendo que (estudian / estudien / estudiar) bien los movimientos políticos de los pueblos americanos.

8. Les aconsejo también que en los informes escritos (tienen / tengan / tener) mucho cuidado con la ortografía.

2 **Los incas** Completa este texto sobre los incas con el imperfecto del indicativo o el imperfecto del subjuntivo.

Trescientos años antes de que 1) _____ (llegar) los españoles, los incas ocuparon el valle del Cuzco, en lo que es hoy el Perú. En esa época, este pueblo indígena 2) _____ (estar) encabezado por un inca llamado Manco Cápac. Antes de que 3) _____ (poblar) el valle del Cuzco, estos indígenas vivían en lo que es hoy Bolivia. Buscaban una región que 4) _____ (tener) mejor clima y suelos para cultivar. Cuando los incas llegaron al Perú, un pueblo pacífico 5) _____ (vivir) en el valle del Cuzco. Fue necesario que los incas 6) _____ (expulsar) a ese pueblo. Más tarde invadieron y conquistaron los pueblos y reinos que 7) _____ (residir) en los alrededores. Así, los incas formaron un gran imperio que 8) _____ (ser) gobernado por un inca. Ellos no creían que el inca 9) _____ (ser) una persona común; por el contrario, pensaban que 10) _____ (ser) hijo del dios Sol.

3 **Llegada al valle del Cuzco** ¿Qué crees que pensó el pueblo pacífico que vivía en el valle del Cuzco cuando vio llegar a los incas a su región? Basándote en la actividad anterior, imagina cómo reaccionaron los habitantes de este pueblo y escribe cuatro oraciones completas.

1. Pensaron que _____.

2. Dudaban que _____.

3. Preferían que _____.

4. Insistieron en que _____.

4 **Dudas** Completa esta conversación entre un profesor y sus estudiantes antes de un examen escrito. Utiliza la forma adecuada del subjuntivo.

ANDREA ¿Atahualpa ya era el emperador de los incas cuando llegaron los españoles?

PROFESOR Sí. Siete años antes de que el conquistador español Francisco Pizarro 1) _____ (llegar) a la capital del imperio incaico, Atahualpa había derrotado a su hermano.

MARIO ¡Ahh! Yo dudaba que Atahualpa 2) _____ (derrotar) a su hermano.

PROFESOR Si 3) _____ (leer) con atención, no habrías tenido dudas sobre qué pasó con Atahualpa y su hermano.

ANDREA ¿Es importante que nosotros 4) _____ (recordar) las fechas exactas?

PROFESOR Lo importante es que ustedes 5) _____ (saber) cuáles fueron los eventos y cuáles fueron las causas de esos eventos.

MARIO Pero es mejor que también 6) _____ (saber) las fechas, ¿verdad?

PROFESOR Es bueno que 7) _____ (estudiar) las fechas, pero no les haré preguntas sobre ellas en el examen. ¿No hay más preguntas? Entonces nos vemos la semana próxima. Ojalá les 8) _____ (ir) bien a todos.

5 **Fin de año en la escuela** Elige la opción apropiada para completar lo que piensan estos estudiantes sobre su profesor de historia de este año.

1. En esta escuela, no hay ningún otro profesor que _____.

   a. hubiera enseñado historia de una manera tan clara

   b. había enseñado historia de una manera tan clara

   c. enseñe historia de una manera tan clara

2. Estudiaré historia con tal de que el año próximo _____.

   a. usted es nuestro profesor de historia

   b. usted sea nuestro profesor de historia

   c. usted fuera nuestro profesor de historia

3. Le habría dedicado más tiempo a la historia, _____.

   a. si hubiera sabido que los temas iban a ser tan interesantes

   b. si habría sabido que los temas serían tan interesantes

   c. si había sabido que los temas eran tan interesantes

4. Le agradezco que _____.

   a. me haya enseñado a pensar

   b. me enseñaba a pensar

   c. me ha enseñado a pensar

MANUAL DE GRAMÁTICA

12.4 *Pedir/preguntar* and *conocer/saber*

1

¿Pedir o preguntar? Completa estas oraciones con la opción correcta.

1. El cacique les pidió a sus guerreros _____.
   a. que lucharan por sus tierras
   b. acerca de la extensión de sus tierras
2. La directora de la editorial le preguntó al historiador _____.
   a. que redactara el texto sobre el Imperio Romano de nuevo
   b. sobre la historia del Imperio Romano
3. Los conquistadores le pidieron a la reina _____.
   a. dinero para financiar sus descubrimientos
   b. sobre su soberanía
4. El soldado le preguntó a su coronel _____.
   a. por su pasado en el ejército
   b. unos días de permiso

2

La escuela Amelia siempre le cuenta a sus padres lo que hizo en la escuela. Completa cada uno de sus comentarios con el verbo adecuado.

1. El profesor de historia me _____ (pidió / preguntó) que le hablara de la civilización maya.
2. Mis compañeros me _____ (pidieron / preguntaron) mis apuntes de biología.
3. El profesor nos _____ (pidió / preguntó) si habíamos entendido la lección.
4. La directora de la escuela nos _____ (pidió / preguntó) que presentáramos nuestra obra de teatro a toda la escuela.
5. Hoy _____ (conocí / supe) a un historiador famoso.
6. Esta mañana _____ (conocí / supe) que la directora quiere que los estudiantes del último año realicen un viaje cultural a México.

3

Preguntas Contesta cada una de estas preguntas con oraciones completas.

1. ¿Qué haces cuando tienes dudas en tu clase de español?

_____

2. ¿A qué personas nuevas conociste en los últimos diez meses?

_____

3. ¿Pides dinero a otras personas con frecuencia? ¿A quiénes?

_____

4. ¿Sabes cocinar? ¿Qué platos?

_____

Workbook

LECTURA

1 **Antes de leer** ¿Qué pueblos antiguos habitaron tu país? ¿Qué sabes acerca de ellos?

_____

_____

_____

Los mayas Cuando los españoles llegaron al actual territorio de Guatemala, encontraron una civilización organizada, culta y poderosa: los mayas. Entre los siglos XX a.C. y XV d.C. aproximadamente, los mayas poblaron parte de Guatemala y Honduras y se extendieron hasta el sur de Yucatán. Estaban organizados en varios estados independientes y hablaban distintas lenguas.

Los mayas creían que antes de que existiera nuestro mundo, habían existido otros mundos pero todos ellos habían sido destruidos. También creían en muchos dioses.

Eran un pueblo con gran sabiduría. Desarrollaron un calendario muy preciso, con un año de 365 días. El año tenía dieciocho meses de veinte días cada uno y un mes de sólo cinco días. También desarrollaron el sistema de escritura más completo de todos los pueblos indígenas americanos.

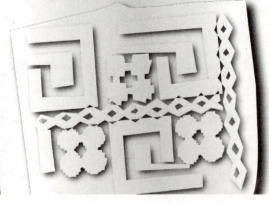

Los sacerdotes se encargaban de escribir a mano libros sobre todos sus conocimientos: astronomía, matemática, historia, medicina y botánica. También escribían libros sobre sus mitos y relatos sobre el origen del mundo, de las cosas, de las leyes y de las personas.

Entre los años 1535 y 1536, el obispo español Diego de Landa ordenó que se quemaran todos los libros de los mayas. Sólo quedaron tres: el Popol Vuh, el Chilam Balam y los Anales de los Cakchiqueles. El obispo nunca pudo olvidar la tristeza con la que los mayas veían quemar sus libros sagrados.

Los mayas veían el mundo de una forma que los españoles no comprendían ni aceptaban. Los españoles creían que la religión de los pueblos conquistados se basaba en ideas inapropiadas. Por eso ordenaron que se quemaran los libros de los mayas e impusieron su propia religión. No supieron respetar las costumbres, la historia, las creencias y el arte del imperio maya. En esa época, sólo buscaban oro y plata y explotar a los indígenas, haciéndolos trabajar para ellos.

Es sorprendente que los españoles los hayan oprimido de esa manera. Pero es más sorprendente que los mayas hayan sobrevivido a esa explotación, y que todavía hoy constituyan *(constitute)* un alto porcentaje de la población en algunas partes de México y de Guatemala.

2 **Después de leer** Contesta las preguntas.

1. ¿En qué párrafos de la nota de enciclopedia se mencionan por primera vez estos temas?

   a. los conocimientos y las técnicas desarrolladas

   _____

   b. la quema de libros

   _____

   c. el lugar donde vivieron

   _____

   d. las creencias religiosas

   _____

   e. la época en la que vivieron

   _____

2. ¿Qué conocimientos desarrollaron los mayas?

   _____

   _____

   _____

3. ¿Por qué el obispo de Landa ordenó que se quemaran los libros ?

   _____

   _____

   _____

4. ¿Crees que el obispo se arrepintió después de haber ordenado que se quemaran los libros mayas?

   _____

   _____

   _____

5. Según el texto, ¿qué buscaban los españoles en esa época?

   _____

   _____

   _____

6. ¿Qué le sorprende al autor de este texto?

   _____

   _____

   _____

Workbook

COMPOSICIÓN

Los incas, aztecas, chibchas y guaraníes son algunos ejemplos de grupos indígenas de la América precolombina. Vas a escribir un informe (*report*) sobre una de las culturas indígenas de ese período.

PREPARACIÓN

Elige una cultura indígena que te interese y busca información en tu libro de texto, en la biblioteca o en Internet. Prepara una lista que incluya:

- región donde habitaban
- siglos en los que vivieron
- organización
- creencias
- legado
- comunidades en el presente
- otros temas importantes

Luego organiza la lista según el orden de importancia.

_____

_____

_____

_____

_____

_____

_____

_____

_____

_____

COMPOSICIÓN

En una hoja aparte, escribe el informe incorporando toda la infomación que encontraste y tu opinión sobre cada uno de los temas de tu lista. Usa al menos cuatro de estas expresiones para expresar tu opinión. Puedes usar la lectura de la página anterior como modelo.

(no) creo que	(no) considero que
(no) estoy seguro/a de que	(no) es bueno que
(no) es evidente que	(no) es necesario que

CONTEXTOS

Lección 1
Las relaciones personales

1 **Una carta muy especial** Rosa, una psicóloga, tiene un programa de radio en el que da consejos sobre problemas sentimentales. Escucha mientras Rosa lee una carta de sus oyentes. Después, completa las oraciones con la opción correcta.

1. La persona que escribe la carta es _____.
   - a. un chico joven
   - b. un señor mayor
   - c. una abuelita

2. Antonio está _____.
   - a. ansioso
   - b. casado
   - c. viudo

3. Los amigos de Antonio _____.
   - a. son geniales
   - b. no tienen experiencia en temas sentimentales
   - c. siempre tienen vergüenza

4. Antonio piensa que _____.
   - a. su novia está agobiada por Juan Carlos
   - b. su novia coquetea con Juan Carlos
   - c. su novia odia a Juan Carlos

5. Antonio no quiere hablar con Juan Carlos sobre este problema porque _____.
   - a. Juan Carlos es sensible
   - b. Antonio es tímido
   - c. Antonio es orgulloso

6. Antonio _____.
   - a. no quiere discutir con su novia
   - b. quiere discutir con Juan Carlos
   - c. quiere discutir con sus amigos

2 **Identificar** Marta va a leer una breve descripción de Caro, su compañera de apartamento. Marca los adjetivos que escuches en su descripción.

_____ cariñosa	_____ madura
_____ falsa	_____ mentirosa
_____ graciosa	_____ orgullosa
_____ harta	_____ preocupada
_____ insensible	_____ tacaña
_____ insensata	_____ tranquila

3 **No entiendo** Vuelve a escuchar lo que dice Marta de Caro y contesta las preguntas con oraciones completas.

1. ¿Se llevan bien Marta y Caro?

   No, no se llevan bien.

2. ¿Por qué dice Marta que Caro es mentirosa?

   _____

3. ¿Cómo se siente Marta?

   _____

4. ¿Crees que el problema que tienen es pasajero (*fleeting*)? ¿Por qué?

   _____

Lab Manual

ESTRUCTURA

1.1 The present tense

1 **La compañera de apartamento ideal** ¿Recuerdas a Marta y Caro, las compañeras de apartamento con personalidades opuestas? Caro ya no vive allí y Marta está buscando una nueva compañera de apartamento. Dos chicas han dejado mensajes en el contestador automático de Marta. Escucha sus mensajes y relaciona cada cualidad con la chica correspondiente.

CANDIDATAS	es tranquila	come en el campus	estudia mucho	es activa
Andrea				
Yolanda				

2 **Identificar** Contesta las preguntas según la información de los mensajes telefónicos que dejaron Andrea y Yolanda para Marta. Escucha otra vez los mensajes para recordar mejor los detalles.

1. ¿Qué deporte practica Andrea? _____

2. ¿Qué cree Andrea que deben hacer Marta y ella para conocerse? _____

3. ¿Dónde almuerza normalmente Andrea? _____

4. ¿Qué tipo de compañera de apartamento busca Yolanda? _____

5. En tu opinión, ¿con quién crees que Marta prefiere compartir el apartamento? Explica por qué.

3 **Para conocernos mejor** Marta y Yolanda van a salir juntas el viernes por la tarde para conocerse mejor y determinar si deben ser compañeras de apartamento. Ahora están pensando qué van a hacer esa tarde. Escucha su conversación y después contesta las preguntas.

1. ¿Qué están leyendo Marta y Yolanda?

2. ¿Qué quiere hacer Yolanda el viernes por la noche?

3. ¿Tiene Yolanda mucho dinero?

4. ¿Quién puede conseguir los boletos para el teatro?

5. ¿Dónde van a cenar?

6. ¿Qué va a hacer Marta la próxima vez?

7. ¿Cómo se llevan Marta y Yolanda?

1.2 *Ser* and *estar*

1   **De vacaciones** Pedro y su novia Leticia están de vacaciones. Mira el dibujo y marca **cierto** o **falso** para cada oración que escuches. Si es falsa, corrígela y escribe la oración cierta con **ser** o **estar**.

Cierto Falso

1. ❑   ❑   _____
2. ❑   ❑   _____
3. ❑   ❑   _____
4. ❑   ❑   _____
5. ❑   ❑   _____
6. ❑   ❑   _____

2   **Aprendiendo español** Andrés es un estudiante de español y no sabe cuándo debe usar **ser** y cuándo debe usar **estar**. Escucha a Andrés mientras lee las oraciones que ha escrito para su composición y escribe la forma correcta de los verbos.

1. _____   5. _____
2. _____   6. _____
3. _____   7. _____
4. _____   8. _____

3   **Andrés** Escucha esta información sobre Andrés e indica si las siguientes oraciones se completan con **ser** o **estar**. Marca el infinitivo apropiado y completa cada oración con la forma correcta del verbo que has marcado.

	Ser	Estar		
1.	☑	❑	_____Es_____	tímido.
2.	❑	❑	_____	en los EE.UU.
3.	❑	❑	_____	experimentando unos dolores de cabeza muy extraños.
4.	❑	❑	_____	las nueve de la mañana.
5.	❑	❑	_____	en la clase.
6.	❑	❑	_____	enojados.
7.	❑	❑	_____	inteligente.
8.	❑	❑	_____	muy lejos de allí ahora.

Lab Manual

1.3 Progressive forms

1 **La ex novia de Jorge** Gonzalo y Jorge están descansando en su apartamento. Gonzalo está mirando por la ventana, cuando de repente ve a la ex novia de Jorge paseando por la calle. Escucha la conversación entre Gonzalo y Jorge, y después indica si estas oraciones son **ciertas** o **falsas**.

     Cierto Falso

1. ❏   ❏   Jorge siempre está descansando o durmiendo.
2. ❏   ❏   Gonzalo nunca mira por la ventana.
3. ❏   ❏   Jorge y Gonzalo tienen una personalidad muy diferente.
4. ❏   ❏   Jennifer López está paseando por la calle.
5. ❏   ❏   Susana y Jorge se llevan muy bien.
6. ❏   ❏   El chico argentino del tercer piso siempre se peleaba con Susana.

2 **¿Qué está pasando?** Vuelve a escuchar la conversación entre Gonzalo y Jorge y completa las oraciones según la información que escuchaste.

1. Mientras Jorge está en el sofá, Gonzalo _____.
2. Gonzalo piensa que Jorge siempre _____.
3. Gonzalo dice que Susana _____.
4. Mientras habla con Jorge, Gonzalo _____.
5. El chico argentino del tercer piso y Susana _____.

3 **El final** Jorge decide encontrarse con Susana. Imagina un final para la historia y escribe tu propia versión. Llévala a clase para compartirla con tus compañeros. ¡Sé creativo!

_____

_____

_____

_____

_____

_____

_____

_____

_____

_____

Lab Manual

PRONUNCIACIÓN

Linking

Spanish often links words together based on the last sound of one word and the first sound of the next one. This tendency is why, when listening to native speakers, it may seem difficult to determine where one word ends and the next begins.

Vowel + same vowel

When one word ends with a vowel and the next word begins with the same vowel or same vowel sound, the two identical vowels fuse and sound as a single vowel. Listen to the following examples and repeat them after the speaker.

de entonces	**convertirse en**	**fue en**
llegada a	**para algunos**	**este examen**

Vowel + different vowel

When one word ends with a vowel and the next word begins with a different vowel or vowel sound, both sounds are pronounced as if they were one single syllable. Listen to the following examples and repeat them after the speaker.

puedo escribir	**como antes**	**políticamente incorrecto**
le importa	**nombre artístico**	**estudiaba ingeniería**

    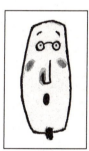

Consonant + vowel

When one word ends with a consonant and the next word begins with a vowel or a vowel sound, it sounds as though the consonant were actually occurring at the beginning of the following syllable. Listen to the following examples and repeat them after the speaker.

el humor	**el último**	**grandes ojos**
un ejemplo	**las opiniones**	**al igual**

Lección 1 Lab Manual   **149**

VOCABULARIO

Ahora escucharás el vocabulario que está al final de la **Lección 1**. Escucha con atención cada palabra o expresión y después repítela.

CONTEXTOS

1 **Planes de fin de semana** Escucha lo que dicen Alicia y Pilar e indica en la tabla qué planes tiene cada una para el fin de semana.

	ir a un concierto de rock	jugar al tenis en un torneo	ir a bailar	descansar	salir con Ricardo
Alicia			✓		
Pilar					

2 **Alicia y Pilar** Ahora vuelve a escuchar los planes de Alicia y Pilar y contesta las preguntas con oraciones completas.

1. ¿En qué año de sus estudios está Alicia?

   Está en tercer año de medicina. _____

2. ¿Qué va a hacer Alicia el sábado por la noche?

   _____

3. ¿Qué va a hacer Alicia el domingo?

   _____

4. ¿Qué estudia Pilar Ramos?

   _____

5. ¿Cuándo va a participar Pilar en un torneo de tenis?

   _____

6. ¿Qué hace Pilar todos los sábados por la noche?

   _____

3 **Una conversación telefónica** Escucha la conversación telefónica entre Alicia y Pilar y determina si las oraciones son **ciertas** o **falsas**. Luego, corrige las falsas en el espacio indicado.

Cierto	Falso		
❏	❏	1.	Alicia está de buen humor cuando contesta el teléfono.
❏	❏	2.	Alicia reconoce la voz de la persona que llama por teléfono.
❏	❏	3.	Pilar se acuerda del cumpleaños de Alicia.
❏	❏	4.	El cumpleaños de Alicia es el sábado.
❏	❏	5.	Pilar y Ricardo son novios.
❏	❏	6.	Alicia no tiene mucho trabajo.

Lab Manual

ESTRUCTURA

2.1 Object pronouns

1 **Regalos de cumpleaños** Gonzalo está mirando los regalos de cumpleaños que Alicia va a recibir. Escucha las preguntas de Gonzalo y responde según las pistas (*clues*).

> **modelo**
>
> Tú escuchas: ¿Quién le va a regalar este disco?
> Tú lees: Julia
> Tú escribes: *Se lo va a regalar Julia.*

1. (Juan y Luis) _____
2. (Pilar) _____
3. (Jorge) _____
4. (Su hermana) _____
5. (Sus primas) _____
6. (Su vecino del primer piso) _____

2 **¿Quién te lo va a regalar?** Alicia se entera de lo que sus amigos le van a regalar y se lo dice a su amigo Roberto. Contesta estas preguntas de Roberto como si fueras Alicia.

> **modelo**
>
> Tú escuchas: ¿Quién te va a regalar un disco?
> Tú lees: Julia
> Tú escribes: *Me lo va a regalar Julia.*

1. (Juan y Luis) _____
2. (Pilar) _____
3. (Jorge) _____
4. (Mi hermana) _____
5. (Mis primas) _____
6. (Mi vecino del primer piso) _____

3 **La curiosidad de Jorge** Jorge está mirando las cosas que Alicia y su compañera tienen en su habitación. Escucha sus preguntas y explícale para qué usan cada cosa o por qué la tienen.

> **modelo**
>
> Tú escuchas: ¿Qué hace Alicia con estos auriculares (*headphones*)?
> Tú lees: ponerse
> Tú contestas: *Se los pone para escuchar música cuando trabaja.*

1. (coleccionar) _____
2. (usar) _____
3. (tocar) _____
4. (poner) _____
5. (gustar) _____

Lab Manual

2.2 *Gustar* and similar verbs

1 **¡Qué aburrido!** Escucha una conversación entre Roberto y Rosa y contesta las preguntas.

1. ¿Qué le aburre a Roberto?
   Le aburren las fiestas de cumpleaños.

2. Según Rosa, ¿qué no le importa a Alicia?
   _____ *si Roberto no le compra un regalo.*

3. ¿Cómo le cae Alicia a Roberto?
   _____ *muy bien.*

4. ¿Por qué no le gustan los conciertos a Roberto?
   _____ *los sitios con mucha gente.*

5. ¿Le gusta a Roberto ir al cine? ¿Cómo lo sabes?
   _____ *al cine con Rosa esta noche.*

2 **Adivina, adivinanza** Vas a escuchar seis descripciones de personas famosas. Indica el número de la descripción que corresponde a cada famoso.

_____ Shaquille O'Neal (jugador de baloncesto)   _____ Christina Aguilera (cantante)

_____ Hillary Clinton (política)   _____ Tiger Woods (golfista)

_____ Penélope Cruz (actriz)   _____ Mick Jagger (cantante)

3 **Te toca a ti** Escucha las preguntas y contéstalas con oraciones completas.

aburrir	fascinar	molestar
caer mejor	interesar	preocupar
faltar		

1. _____
2. _____
3. _____
4. _____
5. _____
6. _____
7. _____
8. _____

Lab Manual

2.3 Reflexive verbs

1

¡Qué diferentes! Vas a escuchar a Alicia hablar sobre sus dos amigos, Roberto y Jorge. Mira las ilustraciones y luego decide si lo que dice Alicia es **cierto** o **falso**.

Cierto Falso

1. ☑ ❑
2. ❑ ❑
3. ❑ ❑
4. ❑ ❑
5. ❑ ❑

Roberto

Jorge

2

La rutina familiar Tú recibiste una carta de Marta en la que cuenta la rutina diaria de su familia. Escucha un fragmento de la carta y empareja a las personas con sus actividades.

A	B
_____ 1. Andrés	a. Se levanta temprano para arreglarse.
_____ 2. Rosa	b. Se viste muy elegantemente.
_____ 3. Papá	c. Se olvida de quién es su familia.
_____ 4. Mamá	d. Se quita la ropa y se viste solo.
_____ 5. Alberto	e. Se ducha y se viste en quince minutos.
_____ 6. El abuelo	f. Se queja porque sólo hay un baño.

3

Los fines de semana Contesta las preguntas sobre tu rutina diaria durante los fines de semana con oraciones completas.

1. _____

2. _____

3. _____

4. _____

5. _____

6. _____

PRONUNCIACIÓN Y ORTOGRAFÍA

Diéresis

As you already know, when the letter **g** is used before the vowels **e** or **i** it sounds like the letter **j**. When it is used before the vowels **a, o** and **u** it sounds like the **g** in **gato.**

Listen to the speaker and repeat each word.

gente   **gimnasio**   **pegamento**   **argolla**   **guajiro**

In order to maintain the sound of the **g,** as in **gato,** before the vowels **e** and **i,** you need to write a **u** between the **g** and the vowel. This **u** is never pronounced.

Listen to the speaker and repeat each word.

despegue   **guitarra**   **guerrero**   **aguinaldo**

In words like **pingüino** or **lingüística** the **u** is pronounced. To indicate this in writing, two dots called **diéresis** are added above the **u.**

Listen to the speaker read a few words with **diéresis.** Look at the spelling carefully and repeat each word.

bilingüe   **pingüino**   **cigüeña**   **lingüista**

The **diéresis** is also necessary when dealing with certain families of words, for example, when conjugating the verb **averiguar** or creating a diminutive from the noun **agua.** In cases like these, when the root word has a **g** pronounced like in **gato,** a **diéresis** is sometimes necessary to maintain the pronunciation of the **u.**

Listen to the speaker read pairs of words. Look at the spelling carefully and repeat each pair.

averiguar   → **averigüé**
avergonzar → **avergüenzas**
agua   → **agüita**
paraguas   → **paragüitas**
antiguo   → **antigüedad**

Lab Manual

VOCABULARIO

Ahora escucharás el vocabulario que está al final de la **Lección 2**. Escucha con atención cada palabra o expresión y después repítela.

CONTEXTOS

Lección 3
La vida diaria

1 **Las tareas de Mateo** El esposo de Amparo perdió su trabajo y ahora va a ocuparse de la casa. Escucha las instrucciones que Amparo le da a Mateo y ordena sus tareas según la información que escuches.

_____ a. barrer las escaleras

___1___ b. apagar la cafetera después de desayunar

_____ c. recoger unos dulces en la tienda de la esquina

_____ d. pasar la aspiradora en los cuartos de los niños

_____ e. quitarles el polvo a los muebles del salón

_____ f. sacar la carne congelada (*frozen*) del refrigerador

_____ g. ir a comprar al supermercado antes de las tres

_____ h. elegir productos baratos en el supermercado

_____ i. cambiar el foco (*light bulb*) de la lámpara de la cocina

2 **¡Que no se me olvide!** Escucha una lista de las instrucciones que Amparo le da a Mateo en la **actividad 1** y haz la lista como si fueras Mateo. Sigue el modelo.

> **modelo**
> Tú escuchas: Debes sacar la carne.
> Tú escribes: *Debo sacar la carne.*

1. _____
2. _____
3. _____
4. _____
5. _____
6. _____
7. _____
8. _____

3 **Ocho horas después** Son las cinco de la tarde y Amparo ya ha regresado del trabajo. Escucha la conversación que tiene con Mateo y elige la opción más adecuada para completar las oraciones.

1. Cuando Amparo regresa del trabajo, Mateo _____.
   a. está hablando con la vecina   b. está mirando la telenovela   c. está limpiando las ventanas

2. Amparo piensa que la vecina _____.
   a. debe trabajar más   b. siempre va arreglada   c. está enamorada de Mateo

3. A Mateo _____.
   a. le cae bien su vecina   b. le cae mal su vecina   c. le molesta su vecina

4. ¿Qué piensa Mateo sobre los dulces? _____.
   a. Le encantan   b. Los odia   c. Piensa que necesitan azúcar

5. Amparo piensa que Mateo _____.
   a. es asombroso   b. es muy tranquilo   c. es muy nervioso

Lab Manual

ESTRUCTURA

3.1 The preterite

1 **Para eso están los amigos** A la semana siguiente, Mateo llamó a dos amigos para que lo ayudaran a limpiar la casa. Escucha lo que Mateo le cuenta a Amparo cuando ella regresa del trabajo, e indica en la tabla quién hizo cada tarea.

	poner la comida en el refrigerador	separar los ingredientes para la comida	ir al supermercado	hervir las papas y los huevos	traer productos de limpieza
Mateo					
Paco					
José Luis					

2 **Preguntas** Vuelve a escuchar lo que Mateo le cuenta a Amparo en la **actividad 1** y contesta las preguntas.

1. ¿Cuándo llamó Mateo a sus amigos?
   Los llamó esta mañana. _____

2. ¿Dónde conoció Amparo a los amigos de Mateo?
   _____

3. ¿Por qué llegaron tarde a la fiesta?
   _____

4. ¿Qué quiere explicarle Mateo a Amparo?
   _____

5. ¿Qué hizo Paco cuando llegó?
   _____

3 **¿Y tú?** ¿Recuerdas qué hiciste la última vez que tuviste todo el apartamento para ti solo/a (*to yourself*)? Contesta las preguntas que escuches, explicando con detalles qué hiciste en cada situación.

1. _____
2. _____
3. _____
4. _____
5. _____
6. _____
7. _____
8. _____

Lab Manual

3.2 The imperfect

1 **Cuando era soltero...** Mateo está pensando en cómo era su vida antes de conocer a Amparo. Escucha lo que dice y después contesta las preguntas.

1. ¿Qué hacía Mateo todas las noches?
   Salía con sus amigos.
   _____

2. ¿Limpiaba el apartamento a menudo?
   _____

3. ¿Cómo pagaba sus compras?
   _____

4. ¿Tenía dinero?
   _____

5. ¿Por qué lo pasaba fatal?
   _____

2 **El gran cambio de Amparo** Amparo, la esposa de Mateo, por fin se dio cuenta de que era un poco antipática con los demás, y decidió cambiar su actitud frente a la vida. Escucha lo que dice sobre las diferencias entre la Amparo de antes y la Amparo de ahora. Después, escribe cada acción en la columna correspondiente.

> **modelo**
> Tú escuchas: Antes me quejaba mucho, pero ahora no me molesta nada.
> Tú escribes: Antes   Ahora
>   *Se quejaba.*   *No le molesta nada.*

ANTES	AHORA
_____	_____
_____	_____
_____	_____
_____	_____

3 **¿Cómo eras tú antes?** A medida que nos hacemos mayores, nuestra personalidad va cambiando poco a poco. Piensa en cómo eras tú cuando estabas en la escuela primaria. ¿Tenías la misma personalidad que ahora? Contesta las preguntas en el espacio indicado.

1. (actividades favoritas) _____
2. (felicidad) _____
3. (rutina diaria) _____
4. (profesión futura) _____

Lab Manual

3.3 The preterite and the imperfect

1 **Un chico con suerte** Ricardo es un estudiante con poca experiencia que acaba de conseguir su primer trabajo. Escucha la conversación entre Ricardo y su novia Isabel sobre la entrevista e indica si las oraciones son **ciertas** o **falsas**.

Cierto Falso

❏ ❏   1. Ricardo conoció a su nuevo jefe en la cafetería antes de la entrevista.

❏ ❏   2. El señor Álvarez suele entrevistar personalmente a los candidatos.

❏ ❏   3. El día de la entrevista la secretaria del señor Álvarez estaba de vacaciones.

❏ ❏   4. Cuando era niño el señor Álvarez vivió en Milán.

❏ ❏   5. La señora Álvarez habla francés porque vivió muchos años en París.

❏ ❏   6. La señora Álvarez estudió ingeniería.

❏ ❏   7. El señor Álvarez antes era agricultor, pero ahora trabaja en un banco.

❏ ❏   8. El señor y la señora Álvarez se mudaron hace poco a una casa nueva en el campo.

2 **Preparativos para la cena** Escucha lo que cuenta Isabel sobre la cena y completa la narración en pasado, utilizando los verbos de la lista en su forma correcta.

acostarse	enfadarse	hacer	limpiar	no hacer	poner	tener
comenzar	estar	lavar	mirar	ordenar	prestar	

Ayer Ricardo e Isabel 1) _____ una cena y 2) _____ la casa. Isabel

3) _____ el baño y Ricardo la cocina. Pero, mientras Isabel 4) _____ la

cena, Ricardo 5) _____ la televisión. Isabel 6) _____ muchísimo. Luego,

Ricardo 7) _____ la mesa, pero 8) _____ nada más. Afortunadamente,

la casa 9) _____ ordenada cuando llegaron los invitados. Cuando acabaron de cenar,

10) _____ a llover e Isabel les 11) _____ un paraguas. Ricardo no

12) _____ hasta las once porque 13) _____ los platos.

3 **Una cena divertida** Isabel y Ricardo lo pasaron muy bien anoche. Escucha de nuevo las conversaciones de la **actividad 1** y la **actividad 2** y, con toda la información que tienes, completa estas oraciones.

1. El Señor Álvarez _____ cuando _____.

2. El día de la entrevista, _____.

3. La señora Álvarez _____.

4. Ricardo está contento porque _____.

5. Ricardo e Isabel _____ una cena _____.

6. Isabel _____ porque _____ television.

PRONUNCIACIÓN

The sounds of p, t, and k

As you might recall, no consonant in Spanish is accompanied by the puff of air that the sounds of **p**, **t**, and **k** make in English when they occur at the beginning of a word. Place your hand directly in front of your lips and say the English words *pit*, *top*, and *car*. You should notice a puff of air that is released along with the initial consonant. This puff of air should never occur in Spanish. Instead, in Spanish these sounds should resemble the **p**, **t**, and **k** following the initial **s** of English *spit*, *stop*, and *scar*. Notice that no puff of air is released in these cases. Place your hand directly in front of your lips again, and compare the difference: *pit*, *spit*; *top*, *stop*; *car*, *scar*.

Listen to the speaker pronounce the following Spanish words and repeat them, focusing on the **p** sound.

proponer	**princesa**	**perdón**	**paja**	**palacio**
Pedro	**patio**	**pintar**	**plato**	**pobre**

Now listen to the speaker and repeat, focusing on the **t** sound.

tantos	**terror**	**tirano**	**típico**	**tampoco**
trabajo	**tranquilo**	**temas**	**triunfo**	**tropa**

Now listen to the speaker and repeat, focusing on the **k** sound. Remember that in Spanish a **c** before a consonant or the vowels **a**, **o**, and **u** sounds like **k**.

carne	**color**	**campo**	**comida**	**casa**
cuchillo	**conspiración**	**cansancio**	**cuadro**	**común**

Trabalenguas

Ahora que ya tienes práctica con la pronunciación básica de estos sonidos, es el momento de practicar con materiales más avanzados, como un trabalenguas. Presta atención a la pronunciación del narrador y repite cada trabalenguas tantas veces como sea necesario, hasta leerlo completo sin detenerte.

1. **Poquito a poquito Paquito empaca poquitas copitas en pocos paquetes.**

2. **Qué colosal col colocó en aquel local el loco aquel.**

3. **Treinta tramos de troncos trozaron tres tristes trozadores de troncos y triplicaron su trabajo.**

Lab Manual

VOCABULARIO

Ahora escucharás el vocabulario que está al final de la **Lección 3**. Escucha con atención cada palabra o expresión y después repítela.

CONTEXTOS

Lección 4
La salud y el bienestar

1 **Identificación** Escucha las siguientes definiciones de palabras o expresiones relacionadas con la salud. Después, escribe el número de la descripción correspondiente a cada una de las palabras de la lista.

____1____ a. tener fiebre   _____ d. cirujano/a   _____ g. consultorio

_____ b. vacuna   _____ e. obesidad   _____ h. jarabe

_____ c. sano/a   _____ f. relajarse   _____ i. desmayarse

2 **En el consultorio del médico** Escucha la conversación entre el doctor Pérez y Rosaura, una profesora universitaria. Después, indica todos los síntomas que menciona Rosaura en la conversación.

_____ malestar general   _____ ansiedad   _____ dolor de espalda

_____ tos continua   _____ la tensión baja   _____ depresión

_____ la tensión alta   _____ fiebre alta   _____ vómitos

3 **La salud de Rosaura** Ahora escucha otra conversación entre el doctor Pérez y Rosaura e indica si las oraciones son **ciertas** o **falsas**. Corrige las falsas.

Cierto	Falso	
❏	❏	1. Manuela del Campo es una cirujana.
		_____
❏	❏	2. El doctor Pérez quiere que Rosaura hable con Manuela.
		_____
❏	❏	3. A Rosaura no le gustan los doctores como Manuela porque piensan que ella es tonta.
		_____
❏	❏	4. Rosaura piensa hacer muchas consultas a la psiquiatra.
		_____
❏	❏	5. Rosaura va a llamar al doctor Pérez la próxima semana para contarle todo.
		_____
❏	❏	6. Para el doctor Pérez, el trabajo es tan importante como la salud.

4 **¿Cómo estás?** Ahora, el doctor Pérez quiere hacerte unas preguntas sobre tu salud general. Escucha sus preguntas y responde en el espacio indicado.

1. (malos hábitos) _____

2. (relajarse) _____

3. (estrés) _____

4. (operaciones) _____

Lab Manual

ESTRUCTURA

4.1 The subjunctive in noun clauses

1 **Demasiados enfermos** Claudia, una estudiante de medicina, está pasando el fin de semana en casa de sus padres. Toda su familia está enferma menos ella; por eso, tiene que ocuparse de sus padres, sus abuelos y sus hermanitos. Escucha las instrucciones que ella le da a cada persona enferma y después conecta cada instrucción de la columna B con la persona correspondiente de la columna A.

A	B
papá	_____papá_____ a. dejar de fumar inmediatamente
abuelo	_____ b. no beber más café
abuela	_____ c. tomarse la temperatura cada dos horas
mamá	_____ d. terminarse toda la sopa
Jorge	_____ e. meterse en la cama
Luis	_____ f. tomarse dos aspirinas con agua
Carmen	_____ g. llamar al médico si se siente peor

2 **Yo te recomiendo** Ahora Claudia tiene gripe y te ha contratado (*hired*) para que cuides a toda su familia. Vuelve a escuchar lo que dice Claudia en la **actividad 1** y escribe consejos para todos. Usa cada palabra de la lista una sola vez.

> **modelo**
> *Tú escuchas:* Quiero que dejes de fumar inmediatamente.
> *Tú escribes:* Le sugiero que no fume.

1. Madre: _____

2. Carmen: _____

3. Abuela: _____

4. Jorge: _____

5. Luis: _____

6. Abuelo: _____

aconsejar
es importante
es necesario
es urgente
recomendar
sugerir

3 **Consejos para don José** Don José está muy estresado porque lleva un estilo de vida muy agitado. Escucha los consejos que le da un médico y luego completa la tabla con la información que escuches.

Objetivos	Recomendaciones
1. Para mantenerse en forma,	1. _____
2. _____	2. es necesario que consuma frutas y verduras diariamente.
3. _____	3. le sugiero que sea organizado y que no trabaje tantas horas extras.
4. Para disfrutar más tiempo con su familia,	4. _____
5. _____	5. les aconsejo que se reserven tiempo para descansar y divertirse juntos.

Lab Manual (sidebar)

4.2 Commands

1 **Los consejos de César** César es un estudiante de medicina que está haciendo prácticas en un hospital. Escucha los consejos que le da César a una paciente sobre la salud y el bienestar e indica si son lógicos o ilógicos.

	lógico	ilógico			lógico	ilógico
1.	✗			6.		
2.				7.		
3.				8.		
4.				9.		
5.				10.		

2 **¡A trabajar!** El doctor Arenas está enfadado por los consejos que da César a sus pacientes. Escucha lo que el doctor le dice a César e indica las tareas que tiene que hacer César. Luego, escribe los mandatos que da el doctor.

1. ___✓___ anotar las instrucciones
Anote las instrucciones.

2. _____ ayudar a la recepcionista
_____

3. _____ ir al restaurante
_____

4. _____ subir al primer piso
_____

5. _____ llevar los paquetes al correo
_____

6. _____ servirle la comida a los pacientes
_____

7. _____ ordenar los papeles en mi oficina
_____

8. _____ preparar los informes semanales
_____

9. _____ divertirse
_____

10. _____ limpiar el quirófano
_____

3 **Que lo haga otra persona** César le está dando mandatos a un ayudante, pero el ayudante no quiere colaborar. Escucha los mandatos de César y escribe los mandatos indirectos con los que el ayudante le responde. Sigue el modelo.

> **modelo**
> *Tú escuchas:* Pon las vendas en el armario.
> *Tu lees:* (las enfermeras)
> *Tú escribes:* Que las pongan las enfermeras.

1. (su secretaria) _____

2. (el enfermero nuevo) _____

3. (los otros ayudantes) _____

4. (la recepcionista) _____

5. (el voluntario) _____

6. (un especialista) _____

Lab Manual

4.3 *Por* and *para*

1 **¿Quién es?** Escucha las oraciones y escribe el número de cada una al lado de la persona que crees que la ha dicho.

_____ a. deportista   _____ e. farmacéutico

_____ b. cirujano plástico   _____ f. enfermera

_____ c. paciente   _____ g. investigador científico

_____ d. estudiante de medicina   _____ h. médico con experiencia

2 **Confesiones de una estudiante de medicina** Escucha la conversación entre la estudiante de medicina Amelia Sánchez y su amiga Carlota, y contesta las preguntas con oraciones completas.

1. ¿Adónde va Amelia todos los días a las seis de la mañana?

   _____

2. ¿Para quién debe preparar mil cosas?

   _____

3. Para ella, ¿qué es lo más importante de su profesión?

   _____

4. ¿Qué le gusta hacer por las tardes a Amelia para relajarse?

   _____

5. ¿Para quién trabaja Carlota?

   _____

6. ¿Por qué Amelia estudia medicina?

   _____

3 **¿Medicina?** Vuelve a escuchar la actividad anterior e imagina el día más difícil de Amelia Sánchez en el hospital. Escribe una composición usando al menos cinco de las expresiones de la lista.

para colmo	por casualidad	por más/mucho que
por eso	por fin	por lo visto
por primera vez	por lo general	

_____

_____

_____

_____

_____

_____

_____

Lab Manual

PRONUNCIACIÓN

The sounds of r and rr

As you might recall, Spanish has two **r** sounds, neither of which resembles the English **r**.

The sound of the single *r*

When it occurs between vowels or at the end of a syllable, the sound of a single **r** in Spanish is produced with a single tap of the tip of the tongue on the ridge behind the upper front teeth. This sound is equivalent to the sound spelled *t, tt, d,* and *dd* in standard American English in words like *eating, butter, leading,* and *caddy.* Focus on the position of your tongue and teeth as you listen to the speaker, and repeat each word.

mujeres	periodismo	formaron	cuerpo	cerámica
poder	curativo	conquistar	enfermedad	aparición

The sound of the double *rr*

In words spelled with a double **rr**, as well as in those spelled with a single **r** occurring at the beginning of the word, the sound is pronounced as a trilled **rr**. The trill sound is produced by rapidly moving the tip of the tongue against the ridge behind the upper front teeth. This trill is also the case when the **r** sound appears after the letters **l** or **n**. Listen to the speaker and repeat each word, paying attention to the position of your tongue and teeth.

arráncame	desenterrar	alrededor	recetar	enredar
rebelión	resultado	desarrollar	ruego	guerra

Many words in Spanish differ from each other only through the **r** and **rr** sounds. It is important that you practice the right sound for each one to avoid being misunderstood. Listen to the speaker and repeat each one of these pairs.

coro/corro	moro/morro	pero/perro	perito/perrito

Further practice

Now that you have had the chance to focus on your pronunciation, listen as the speaker says the following sentence and repeat.

¿Cuánta madera roería un roedor si los roedores royeran madera?

Lab Manual

VOCABULARIO

Ahora escucharás el vocabulario que está al final de la **Lección 4**. Escucha con atención cada palabra o expresión y después repítela.

CONTEXTOS

Lección 5
Los viajes

1 **Viajes organizados** Escucha un anuncio de radio sobre viajes organizados y después completa las oraciones.

1. La agencia *Escape* prepara mini-vacaciones para _____ profesionales ocupados y estresados _____.

2. Esta semana la agencia tiene _____ paquetes de oferta.

3. Playa Dorada es una isla privada en _____.

4. La excursión de montaña es en el estado de _____.

5. El _____ es muy pintoresco y lleno de encanto.

6. El precio de la _____ de montaña es sólo por noventa y nueve dólares por persona.

2 **Un viaje cultural** Ahora escucha otro anuncio de radio e indica qué ofrece el viaje descrito.

_____ visita exclusiva al Museo de Arte Moderno de Nueva York

_____ guía turístico bilingüe

_____ viajes en taxi

_____ estancia en un hotel en Boston

_____ una cena romántica

_____ servicio de habitación las veinticuatro horas

_____ minibar y caja fuerte en el hotel

_____ limusina y entradas para ver un musical

3 **A mí me interesa** Vuelve a escuchar los anuncios de radio de las **actividades 1** y **2** y escribe un párrafo breve explicando cuál de las tres opciones —la playa, la montaña o el museo— te interesa más. Usa al menos seis palabras de la lista.

a bordo	ecoturismo	itinerario
alojarse	excursión	lejano/a
buceo	hacer un viaje	quedarse
campamento	incluido	recomendable
destino	isla	regresar

_____
_____
_____
_____
_____
_____
_____
_____
_____
_____

Lab Manual

ESTRUCTURA

5.1 Comparatives and superlatives

1 **Cuántos recuerdos** Steve y María están de vacaciones. Después de cenar, los dos amigos van a dar un paseo por Chilapas, el pueblecito donde se hospedan. Escucha su conversación y después indica si cada una de estas afirmaciones es **cierta** o **falsa**.

Cierto	Falso	
❑	❑	1. A María el pueblo mexicano le recuerda su viaje a España.
❑	❑	2. Según María, Albarracín es un pueblo más grande que Chilapas.
❑	❑	3. En Chilapas hay menos flores que en Albarracín.
❑	❑	4. Las calles de Albarracín son más estrechas que las de Chilapas.
❑	❑	5. La gente de Albarracín es tan simpática como la de Chilapas.
❑	❑	6. Steve piensa que María no tiene más oportunidades que él para viajar.

2 **¿Cuál te gusta más?** Observa las diferencias entre las dos casas de la ilustración y después contesta las preguntas usando comparaciones.

Familia López   **Familia Brito**

1. _____
2. _____
3. _____
4. _____
5. _____

3 **¿Cuál prefieres?** Piensa en el lugar donde vives y en el último lugar donde fuiste de vacaciones. ¿Cuál prefieres? Escucha las preguntas y contesta según tu opinión. Usa estructuras comparativas y superlativas.

> **modelo**
> *Tú escuchas:* ¿Cuál de los dos lugares te gusta más?
> *Tú escribes:* Me gusta más mi ciudad que el lugar donde estuve de vacaciones.

Nombre de mi ciudad: _____ Nombre del lugar turístico: _____

1. _____
2. _____
3. _____
4. _____
5. _____
6. _____

Lab Manual

5.2 The subjunctive in adjective clauses

1 **Los planes de Celia** Celia quiere ir de viaje a algún lugar exótico y le deja un mensaje en el contestador a Elisa, una amiga que trabaja en una agencia de viajes. Escucha el mensaje y complétalo con las partes que faltan. Utiliza las palabras de la lista y haz los cambios necesarios.

descansar	estar	(no) ser	relajar	tener
escribir	hablar	practicar	resultar	viajar

Hola, Elisa:

Soy Celia y estoy planeando un viaje a un lugar exótico para conocer otra cultura. Quiero visitar un lugar que no 1) _____ muy turístico. Me gustaría conocer culturas que 2) _____ otro idioma y que 3) _____ costumbres distintas a las nuestras. Lamentablemente, no tengo amigos que 4) _____ ahora mismo de vacaciones, así que tengo que viajar sola. Por eso, prefiero un viaje organizado con un guía que hable español. Eso sí, que 5) _____ muy caro. Ya sabes, tampoco tengo tanto dinero. ¡Ah! Quiero que el viaje me 6) _____ . Con tanto trabajo, necesito descansar un poco, ¿no? ¿Tienes algún folleto que pueda mirar para informarme más? Muchas gracias por tu ayuda.

2 **Una idea original** Elisa llama a Celia por teléfono para hablar sobre su viaje y darle más detalles. Escucha su conversación e indica si las oraciones son **ciertas** o **falsas**. Corrige las falsas usando el indicativo o el subjuntivo.

Cierto   Falso

❑   ❑   1. Celia necesita un viaje que la ayude a desconectar y relajarse.

_____

❑   ❑   2. Elisa tiene un viaje que le puede interesar a Celia.

_____

❑   ❑   3. Hay un viaje especial pero no es muy popular.

_____

❑   ❑   4. La compañía de viajes *Atrévete* ofrece un viaje organizado que se llama *No te aburras*.

_____

❑   ❑   5. A Celia no le gusta que la sorprendan.

_____

❑   ❑   6. La compañía de viajes *Atrévete* busca personas que sean organizadas y metódicas.

_____

❑   ❑   7. En este viaje el viajero no tiene mucha información sobre el destino.

_____

❑   ❑   8. El viajero no sabe qué día regresa.

_____

3 **Un viaje muy especial** Ahora escucha otra vez la conversación de la **actividad 2** y contesta las preguntas con oraciones completas. Usa el infinitivo o subjuntivo según corresponda.

1. ¿Qué tipo de lugar quiere visitar Celia? _____

2. ¿Qué crees que va a decidir Celia al final? _____

3. ¿Harías el viaje que organiza la compañía de viajes *Atrévete*? ¿Por qué?

_____

5.3 Negative and positive expressions

1 **Viajeros muy diferentes** Ricardo y Elvira son estudiantes universitarios y tienen que buscar opciones para el viaje de fin de curso. El problema es que cada uno tiene gustos muy distintos. Escucha los comentarios y transforma los afirmativos en negativos y los negativos en afirmativos.

1. _____
2. _____
3. _____
4. _____
5. _____
6. _____

2 **Ideas para el viaje de fin de curso** Ricardo y Elvira se han reunido con otros dos compañeros de clase para tomar una decisión sobre su viaje de fin de curso. Escucha lo que dice cada uno y elige la mejor opción para completar cada oración.

_____ 1. a. o yo no voy al viaje.   _____ 4. a. escuchar a nadie.

       b. o me compro unos zapatos.   b. tomar una decisión.

_____ 2. a. no tengo dinero.   _____ 5. a. llegar (*reach*) a ninguna decisión.

       b. ni la naturaleza en general.   b. ni aprobar el examen.

_____ 3. a. un viaje cultural.   _____ 6. a. también

       b. mal tiempo.   b. tampoco

3 **No me gusta nada** Después de la charla con sus compañeros, Ricardo se siente muy frustrado y todo le parece mal. Escucha las preguntas y escribe las respuestas negativas que daría Ricardo. Sigue el modelo.

> **modelo**
>
> *Tú escuchas:* ¿Quieres viajar en temporada alta o en temporada baja?
> *Tú escribes:* No quiero viajar ni en temporada alta ni en temporada baja.

1. _____
2. _____
3. _____
4. _____
5. _____
6. _____
7. _____

VOCABULARIO

Ahora escucharás el vocabulario que está al final de la **Lección 5**. Escucha con atención cada palabra o expresión y después repítela.

Lab Manual (side tab)

Lección 6

La naturaleza

CONTEXTOS

1 **Identificación** Escucha el siguiente segmento de un programa de noticias. Después, marca las palabras de la lista que se mencionan.

_____ arrecife   _____ olas

_____ costas   _____ relámpagos

_____ sequía   _____ río

_____ huracán   _____ tormentas

_____ inundaciones   _____ truenos

2 **El medio ambiente** La universidad ha organizado tres programas para los estudiantes interesados en conservar y proteger el medio ambiente. Escucha en qué consiste cada programa y después indica dos datos específicos que escuchaste sobre cada programa.

Energía limpia	Mar azul	No a la crueldad
1. buscar alternativas a la energía eléctrica	1. _____	1. _____
2. _____	2. _____	2. _____

3 **Para un mundo mejor** Vuelve a escuchar la información sobre los programas medioambientales para voluntarios de la **actividad 2,** y después contesta las preguntas.

1. ¿Cuál es el objetivo del programa *Energía limpia*?
   Es buscar alternativas a la energia eléctrica y _____

2. ¿A qué tipo de persona le puede interesar el programa *Mar azul*?
   Les puede interesar a _____

3. ¿Para qué visitarán los voluntarios de *Mar azul* a los empresarios locales?
   Los visitarán para _____

4. ¿Qué deben llevar consigo los voluntarios para registrarse en la reunión de *Mar azul*?
   Deben llevar _____

5. ¿Quiénes dirigen el programa *No a la crueldad*?
   _____ dirige el programa.

6. Según el locutor, ¿quiénes tienen el deber de cuidar la Tierra?
   _____ el deber de cuidar la Tierra.

Lab Manual

ESTRUCTURA

6.1 The future tense

1   **Un futuro aterrador** Rappel es uno de los futurólogos europeos más famosos. Escucha sus predicciones para el futuro del planeta Tierra y después escribe por lo menos dos situaciones que Rappel predijo *(foresaw)* para cada uno de los temas.

Los bosques

No tendrán animales _____

_____

_____

Los océanos

_____

_____

_____

Los seres humanos

_____

_____

_____

2   **¿Qué harás?** Rappel quiere saber si tú estás dispuesto a colaborar para evitar estas catástrofes de las que te ha hablado. Escucha sus preguntas y contesta en el espacio indicado.

1. (bosques) _____

2. (playas y océanos) _____

3. (contaminación del aire) _____

4. (educación de los hijos) _____

5. (cambios en vida diaria) _____

6. (medio de transporte) _____

3   **El futuro** Ahora, escribe un breve párrafo con tus propias predicciones sobre el futuro. ¿Será tan malo y tan oscuro como el futuro que predijo Rappel? ¿Qué grandes cambios ocurrirán en tu vida?

Para el año 2050, yo pienso que... _____

_____

_____

_____

_____

_____

_____

_____

_____

_____

_____

Lab Manual

6.2 The subjunctive in adverbial clauses

1 **Voluntarios para salvar el mundo** Lupita trabaja para una organización ecologista que está preparando un programa de educación medioambiental en las escuelas secundarias. Escúchala y luego completa lo que dice con los verbos apropiados.

Hola, chicos: Soy Lupita y trabajo para la organización ecologista *Jóvenes verdes*. Hoy quiero hablarles de los problemas que tiene el planeta. En primer lugar, el agua será un recurso escaso en las próximas décadas a menos que nosotros 1) _____ serias medidas al respecto. También debemos proteger los mares y los océanos antes de que 2) _____ las especies marinas porque su supervivencia es fundamental para el ecosistema. En caso de que no 3) _____ los servicios de transporte público, nosotros tenemos que exigir que 4) _____ la compra de carros que usan combustibles alternativos. No podemos seguir ensuciando el planeta sin que nuestra Madre Naturaleza 5) _____. Es necesario tomar medidas drásticas antes de que 6) _____ demasiado tarde. Aunque las medidas para cuidar el medioambiente 7) _____ difíciles de poner en práctica, lo cierto es que nuestro futuro depende de nuestras acciones. Mientras nosotros 8) _____ de brazos cruzados, numerosas especies irán desapareciendo y por eso debemos actuar inmediatamente.

2 **Un folleto con errores** Lupita está preparando un folleto con medidas para cuidar el medio ambiente. Escucha sus ideas e indica si son **lógicas** o **ilógicas**. Luego, vuelve a escucharlas para corregir las ilógicas. Usa oraciones adverbiales con subjuntivo y empieza cada una con **Es necesario**.

1. lógica / (ilógica) *Es necesario usar el transporte público* **siempre que podamos.** _____
2. lógica / ilógica _____
3. lógica / ilógica _____
4. lógica / ilógica _____
5. lógica / ilógica _____
6. lógica / ilógica _____
7. lógica / ilógica _____
8. lógica / ilógica _____

3 **¿Soy ecologista?** ¿Te gustaría unirte al equipo de *Jóvenes verdes*? Escucha las preguntas y contesta usando las conjunciones indicadas.

> **modelo**
> *Tú escuchas:* ¿Utilizas el transporte público o prefieres el carro?
> *Tú lees:* (a menos que)
> *Tú escribes:* Utilizo el transporte público a menos que no sea posible.

1. (en cuanto) _____
2. (para que) _____
3. (después de que) _____
4. (tan pronto como) _____
5. (con tal de que) _____
6. (a pesar de que) _____

Lab Manual

6.3 Prepositions: *a, hacia,* and *con*

1 **Un viaje diferente** Mateo trabaja para una compañía especializada en viajes ecológicos y turismo alternativo para jóvenes. Ahora está planeando un viaje a Puerto Rico. Escucha lo que le cuenta a Imelda, su compañera de oficina, y selecciona la opción más lógica para completar cada oración.

1. Los viajeros siempre visitan _____
   a. La Parguera. b. Vieques y el Yunque. c. Isla Culebra.

2. Mateo siempre les dice a sus clientes que va a organizar un viaje a _____
   a. Tiburón. b. La Parguera. c. Isla Culebra.

3. Mateo sabe que también cuenta con _____
   a. el observatorio de Arecibo. b. Borinquén. c. Río Piedras.

4. Mateo está decidido a cambiar la actitud tradicional hacia _____
   a. los recursos naturales. b. el turismo. c. El Morro.

5. Mateo quiere contar con _____
   a. los clientes. b. Imelda. c. San Juan.

2 **Las maravillas de la naturaleza** Mateo está pensando en los encantos naturales de Puerto Rico y decide llamar a su abuela puertorriqueña para compartir sus ideas. Escucha su conversación y completa las oraciones con las preposiciones **a**, **hacia** y **con** según corresponda. Luego indica si las oraciones son **ciertas** o **falsas**.

Cierto	Falso	
❏	❏	1. La abuela de Mateo habló ayer _____ su hija.
❏	❏	2. La abuela de Mateo vuelve de la playa _____ las tres.
❏	❏	3. Mateo quiere ir _____ la Isla Culebra y a la playa de la Parguera en su nuevo viaje.
❏	❏	4. La abuela cree que Mateo debe llevar _____ los viajeros _____ los cafetales.
❏	❏	5. La abuela estuvo en la playa de la Parguera _____ Mateo hace unos años.
❏	❏	6. La abuela le dice que recuerda caminar _____ la playa con su esposo.
❏	❏	7. Mateo quiere ir _____ los arrecifes de coral.

3 **Mis espacios naturales** Imagina que la empresa de Mateo te contrata para organizar viajes ecológicos en el lugar donde vives. Contesta las preguntas con las preposiciones **a**, **hacia** y **con**.

1. _____
2. _____
3. _____
4. _____

VOCABULARIO

Ahora escucharás el vocabulario que está al final de la **Lección 6**. Escucha con atención cada palabra o expresión y después repítela.

Lab Manual

Lección 7
La tecnología y la ciencia

1 **Identificación** Escucha unas definiciones de palabras relacionadas con la tecnología y la ciencia y escribe el número de cada una junto a la palabra correspondiente.

_____ a. buscador	_____ f. extraterrestres
_____ b. células	_____ g. arroba
_____ c. clonar	_____ h. patente
_____ d. contraseña	_____ i. telescopio
_____ e. descubrimiento	_____ j. teoría

2 **¿Para bien o para mal?** Algunos adelantos científicos son muy positivos, pero otros causan problemas que pueden resultar destructivos para la humanidad. Escucha las oraciones y determina si se refieren a un descubrimiento o invento positivo o negativo. Luego, escribe el nombre del invento o descubrimiento en la columna apropiada.

> **modelo**
> *Tú escuchas:* Se ha descubierto una cura para el cáncer.
> *Tú escribes:* **Cura para el cáncer** en la columna de Positivo

POSITIVO	NEGATIVO
Cura para el cáncer	
1. _____	_____
2. _____	_____
3. _____	_____
4. _____	_____
5. _____	_____

3 **¿Qué opinas tú?** Escucha con atención las preguntas y después contesta según tu opinión.

1. _____
2. _____
3. _____
4. _____
5. _____
6. _____

Lab Manual

ESTRUCTURA

7.1 The present perfect

1 **Prácticas en el laboratorio** Germán y Soraya son estudiantes que están haciendo prácticas en un laboratorio de investigación científica. Escucha su conversación sobre sus actividades de esta mañana e indica quién —Soraya, Germán o su amigo Luis— ha hecho cada una.

_____ 1. Ha mandado correos electrónicos y ha navegado en la red.

_____ 2. Sólo ha desayunado un yogur.

_____ 3. Ha hablado por teléfono y ha hecho fotocopias.

_____ 4. Ha leído las lecturas para la clase de biología.

_____ 5. Ha trabajado en un nuevo invento que quiere patentar.

_____ 6. Ha descargado y guardado documentación para un trabajo de investigación.

2 **Un robot que limpia la casa** Luis Pérez acaba de patentar un robot que limpia la casa. Escucha la entrevista que le hacen sobre su invento e indica si las oraciones son **ciertas** o **falsas**. Corrige las falsas.

Cierto **Falso**

❏ ❏ 1. Luis cree que ha diseñado el invento del siglo XXI.

_____

❏ ❏ 2. Luis ha trabajado cinco años en su invento.

_____

❏ ❏ 3. Luis ha recibido el apoyo de su familia y sus amigos.

_____

❏ ❏ 4. A Luis le han hecho varias ofertas de compra de la patente.

_____

❏ ❏ 5. Luis ya ha vendido la patente.

_____

❏ ❏ 6. Algunas personas en los Estados Unidos le han ofrecido a Luis una beca (*scholarship*).

_____

3 **El invento del siglo** Imagina que acabas de inventar algo revolucionario e innovador. Primero haz una breve descripción de tu invento y después contesta las preguntas usando el pretérito perfecto.

Descripción: _____

_____

Respuestas:

1. _____

2. _____

3. _____

4. _____

5. _____

6. _____

7.2 The past perfect

1 **Una simple cuestión de gustos** Marta y Carlos están en un laboratorio de genética esperando su turno con el asesor genético para determinar qué tipo de bebé les gustaría tener. Escucha su conversación y después determina si cada una de las oraciones es **cierta** o **falsa**, según lo que escuches.

Cierto	Falso	
❑	❑	1. Marta todavía no había decidido que quería una niña con ojos negros antes de llegar al laboratorio.
❑	❑	2. Carlos había empezado a pensar en las consecuencias meses antes de la consulta.
❑	❑	3. El asesor genético les había dicho que no podían elegir lo que quisieran.
❑	❑	4. La pareja había decidido tener el bebé la semana anterior.
❑	❑	5. Marta dijo que un bebé había nacido con una sonrisa maravillosa.
❑	❑	6. Marta le explicó a Carlos que los métodos científicos habían mejorado muchísimo en los últimos años.

2 **Te toca a ti** Vuelve a escuchar la conversación entre Marta y Carlos. Después, contesta las preguntas con oraciones completas.

> **modelo**
>
> *Tú escuchas:* ¿Qué habían decidido Marta y Carlos antes de ir al laboratorio?
> *Tú escribes: Marta y Carlos* **habían decidido** *tener un bebé.*

1. No, no _____ el tipo de bebé.

2. No _____ en las consecuencias.

3. Les _____ que podían elegir el tipo de bebé que quisieran.

4. El primer niño con la nueva técnica _____ hace tres años.

5. Los médicos del laboratorio _____ algunos problemas.

3 **¿Qué habías hecho?** ¿Te acuerdas de los momentos importantes de tu vida? Escucha las preguntas y responde si ya habías hecho esas cosas en el año indicado.

> **modelo**
>
> *Tú escuchas:* ¿Ya habías nacido?
> *Tú lees:* En 1992,
> *Tú escribes: yo ya* **había nacido.**

1. En 1994, _____

2. En 1999, _____

3. En 2000, _____

4. En 2003, _____

5. En 2006, _____

6. En 2007, _____

Lab Manual

7.3 Diminutives and augmentatives

1 **Una mascota muy especial** Cristina y Esteban van a una clínica veterinaria experimental para pedir que les hagan una mascota (*pet*) original. Escucha su conversación e indica si las oraciones son ciertas o falsas.

Cierto	Falso	
❑	❑	1. Cristina quiere que le preparen un "perrogatito".
❑	❑	2. Esteban quiere una mascota con unas orejas chiquititas.
❑	❑	3. A Cristina le encantan las mascotas con ojazos grandotes.
❑	❑	4. Esteban vio una mascota con dientecitos pequeñitos.
❑	❑	5. Esteban quiere una mascota con narizota grande y patas pequeñitas.
❑	❑	6. Cristina y Esteban no pueden decidir cómo será el carácter de su mascota.

2 **Comentarios** Escucha los comentarios de cuatro personas sobre los experimentos con animales. Indica si están a favor o en contra e identifica los aumentativos o diminutivos que usa cada uno. Luego escribe tu opinión sobre este tema.

	De acuerdo	En desacuerdo	Aumentativos/Diminutivos
Esteban	❑	❑	_____
Teresa	❑	❑	_____
Pedro	❑	❑	_____
Gabriela	❑	❑	_____

a. grandotes   e. hermanito
b. mascotita   f. pobrecitos
c. animalitos   g. pequeñitas
d. cabezotas

Mi opinión: _____

_____

3 **El veterinario y su mascota** Cristina te va a dar una descripción de la mascota que quiere. Imagina que eres el veterinario de la clínica y prefieres crear una mascota distinta. Escucha lo que dice Cristina y escribe la descripción del animal que tú prefieres, convirtiendo los aumentativos en diminutivos y viceversa.

> **modelo**
> *Tú escuchas:* Mi animalito tiene patas pequeñitas.
> *Tú escribes: Mi **animalote** tiene patas **grandotas**.*

1. _____
2. _____
3. _____
4. _____
5. _____

VOCABULARIO

Ahora escucharás el vocabulario que está al final de la **Lección 7**. Escucha con atención cada palabra o expresión y después repítela.

CONTEXTOS

Lección 8
La economía y el trabajo

---

1 **Identificación** Escucha unas definiciones relacionadas con la economía y el trabajo y elige la palabra que corresponde a cada una.

1. _____ a. aumento   b. gerente
2. _____ a. deuda   b. contrato
3. _____ a. despedir   b. gastar
4. _____ a. empleo   b. conferencia
5. _____ a. bancarrota   b. reunión
6. _____ a. bolsa de valores   b. presupuesto
7. _____ a. jubilarse   b. contratar
8. _____ a. sueldo   b. sindicato
9. _____ a. currículum vitae   b. entrevista de trabajo
10. _____ a. cobrar   b. solicitar

---

2 **¿Quién lo dijo?** Escucha lo que dicen cinco personas sobre el trabajo y escribe el número del comentario al lado de la persona que lo dice.

_____ a. vendedor(a)   _____ e. dueño/a

_____ b. asesor(a)   _____ f. desempleado/a

_____ c. periodista   _____ g. socio/a

_____ d. empleado/a de banco   _____ h. ejecutiva

---

3 **¿Cuánto sabes sobre el mundo laboral?** ¿Estás preparado o preparada para entrar a formar parte del mundo laboral? ¿Tienes una idea clara de cuáles son tus objetivos? Escucha las preguntas y contesta según tu propia experiencia.

carrera	entrevistador(a)
contratar	estresante
cualidades	sueldo
empresa	trabajo

1. _____

2. _____

3. _____

4. _____

5 _____

6. _____

Lab Manual

ESTRUCTURA

8.1 The conditional

1 **Una entrevista de trabajo** Felipe tiene una entrevista para un puesto de vendedor en una empresa de finanzas. Escucha la conversación entre Felipe y el entrevistador y elige el final adecuado para estas oraciones.

A. 1. El entrevistador le pide a Felipe que _____.
    a) le dé su currículum   b) cierre la puerta   c) lo llame por teléfono

  2. Felipe viajaría _____ .
    a) con mucho gusto   b) todos los días   c) cada mañana

  3. Felipe estaría dispuesto a trabajar _____ .
    a) los domingos   b) un día a la semana   c) los fines de semana

  4. A Felipe le gustaría tener _____ .
    a) coche propio   b) un ordenador portátil   c) un día libre

  5. Si Felipe consiguiera el trabajo, _____ .
    a) viviría en el barrio   b) viviría en la ciudad   c) se mudaría

  6. Si lo contratara, Felipe _____ .
    a) pediría un aumento   b) trabajaría mucho   c) saludaría a sus compañeros

B. Piensa en lo que escuchaste y responde: Si fueras el entrevistador, ¿le darías el trabajo a Felipe? ¿Por qué?

_____

_____

2 **¡Cuántas preguntas!** Después de la entrevista, Rosa, una amiga de Felipe, le hace preguntas sobre lo que ocurrió. Escucha su conversación y decide si las oraciones son **ciertas** o **falsas**. Corrige las falsas.

Cierto	Falso	
❏	❏	1. Serían las doce cuando empezó la entrevista.
❏	❏	2. Habría diez o quince personas más esperando para la entrevista.
❏	❏	3. La entrevista duraría una hora.
❏	❏	4. Felipe saldría hacia las dos.
❏	❏	5. El entrevistador le dijo que le mandarían una carta.

3 **Tu propia entrevista** Imagina que vas a tener una entrevista para un trabajo muy interesante y necesitas prepararte bien. Contesta las preguntas sobre cómo te prepararías usando el condicional.

> **modelo**
> *Tú escuchas:* ¿Cómo irías a tu entrevista? ¿Caminando, en carro o en taxi?
> *Tú escribes:* Iría en mi propio carro.

1. _____

2. _____

3. _____

4. _____

5. _____

Lab Manual

8.2 The past subjunctive

1 **La huelga general** Los trabajadores de una compañía petrolera venezolana hicieron una huelga para pedir cambios políticos y mejoras en el trabajo. Escucha las peticiones de los sindicatos y los trabajadores. Después explica qué pidieron, usando el imperfecto del subjuntivo.

1. Los trabajadores demandaron que les _____ el sueldo.

2. Los sindicatos exigieron que _____ mayor seguridad en el trabajo.

3. Luis Pérez pidió que les_____ mejor las hras extraordinarias.

4. Marisa Canto pidió que _____ una guardería para los hijos de los empleados.

5. Los sindicatos exigieron que la empresa _____ dinero a programas sociales y educativos.

6. Los trabajadores del comedor reclamaron que la empresa _____ una cocina más moderna.

2 **Las finanzas** Primero, lee estos seis finales de oraciones sobre inversiones y bienes inmuebles (*real estate*). Luego, escucha los comentarios y escribe el número del principio más lógico para completar las oraciones.

_____ a. ...invirtiera en la bolsa.

_____ b. ...comprara una casa en las afueras de la ciudad.

_____ c. ...tuvieran otro hijo.

_____ d. ...abrieran también una empresa de exportación.

_____ e. ...comprara también acciones (*shares*) en otras empresas para diversificar.

_____ f. ...aprendieran a hablar chino.

3 **Alta costura** Una joven y excéntrica condesa millonaria ha llegado a la tienda de Carolina Herrera donde tú trabajas de vendedor o vendedora. Escucha sus peticiones absurdas. Luego, escribe las cosas que te pidió que hicieras.

1. (escuchar atentamente) *Me pidió que la **escuchara** atentamente.*

2. (traer un café y un pedazo de torta de chocolate) _____

_____

3. (dar otra silla) _____

4. (llamar a Carolina Herrera) _____

5. (enseñar las últimas creaciones) _____

6. (cambiarse de ropa) _____

Lab Manual

8.3 *Si* clauses with simple tenses

1 **Una tarde libre** Carlos no trabaja esta tarde y quiere aprovechar para hacer muchas cosas. Escucha las actividades que planea hacer y ordénalas cronológicamente.

_____ a. Si puede, llamará a Luis para quedar (*to meet*).

_____ b. Si Luis y Carlos cenan pronto, irán a jugar al billar.

_____ c. Si hace buen tiempo, Carlos irá a dar un paseo.

_____ d. Si la hermana de Carlos está en casa de su madre, tomará un café con ella.

_____ e. Si Luis quiere, irán a cenar a un restaurante.

_____ f. Si tiene tiempo, hará unas compras.

2 **Cómo casarse con un millonario** Valeria acaba de recibir un aumento de sueldo y por eso hoy se siente soñadora y optimista. Primero, completa las oraciones con el tiempo adecuado. Luego, escucha la conversación entre Valeria y su amiga Diana, y decide si las oraciones son **ciertas** o **falsas.**

Cierto Falso

❑ ❑ 1. Si Valeria _____ (ganar) la lotería, viajaría a Tokio.

❑ ❑ 2. Si fuera a las Bahamas, _____ (conocer) a un millonario.

❑ ❑ 3. Si Valeria _____ (conocer) a un millonario, iría de viaje con él.

❑ ❑ 4. Si _____ (casarse) con un millonario, Valeria seguiría escribiendo artículos.

❑ ❑ 5. Si fuera millonaria, Valeria siempre _____ (estar) tomando el sol.

❑ ❑ 6. Si Valeria viajara mucho, _____ (contratar) a un intérprete.

3 **¿Y tú?** ¿Qué harías tú en estas situaciones laborales? Escucha las preguntas sobre situaciones presentes e hipotéticas y contesta con oraciones completas. Usa el presente y el condicional, según corresponda.

> **modelo**
>
> *Tú escuchas:* ¿Qué haces si en tu trabajo te ofrecen más responsabilidades sin un aumento de sueldo?
> *Tú escribes:* *Si me ofrecen más responsabilidades sin un aumento, yo hablo con mi jefe.*
> *Tú escuchas:* ¿Cómo actuarías si en una ocasión te pagaran dos veces por error?
> *Tú escribes:* *Si me pagaran dos veces por error, yo devolvería la parte del dinero que no me corresponde.*

1. _____

2. _____

3. _____

4. _____

5. _____

VOCABULARIO

Ahora escucharás el vocabulario que está al final de la **Lección 8**. Escucha con atención cada palabra o expresión y después repítela.

CONTEXTOS

Lección 9
La cultura popular y los medios de comunicación

1 Identificación Escucha unas definiciones relacionadas con la cultura popular y los medios de comunicación y escribe el número de la definición al lado de la palabra correspondiente.

_____ a. estrellas

_____ b. chismes

_____ c. emisora

_____ d. anuncio

_____ e. noticias

_____ f. prensa sensacionalista

_____ g. presentador

_____ h. público

_____ i. telenovela

_____ j. titulares

2 Programación televisiva Escucha un anuncio de una cadena de televisión e indica qué programación televisiva corresponde a cada uno de los días indicados.

lunes	miércoles	viernes	domingo	programación
_____	_____	_____	_____	1. chismes de sociedad
_____	_____	_____	_____	2. crónicas deportivas
_____	_____	_____	_____	3. documental sobre cultura popular
_____	_____	_____	_____	4. largometraje *Un día cualquiera*
_____	_____	_____	_____	5. reportaje sobre las vidas de los grandes jugadores del fútbol mundial
_____	_____	_____	_____	6. revista semanal *Siete días*
_____	_____	_____	_____	7. último episodio de la serie *Tigres*

3 ¿Y los demás días? Vuelve a escuchar la programación televisiva de la **actividad 2**. Teniendo en cuenta el tipo de programación del anuncio, imagina qué programas se transmitirán los **tres días** restantes.

Martes _____

_____

Jueves _____

_____

Sábado _____

_____

Lab Manual

ESTRUCTURA

9.1 Present perfect subjunctive

1 **¡Qué nervios!** Imagina que eres el ayudante (*assistant*) de un actor de teatro que está muy nervioso el día del estreno. Escucha lo que dice el actor e intenta tranquilizarlo. Sigue el modelo.

> **modelo**
> Tú escuchas: ¡Qué nervios! Creo que se me ha olvidado el guión.
> Tú escribes: *No creo que se te **haya olvidado** el guión.*

1. No es verdad que no _____ lo suficiente.

2. No creo que el público _____ de ti.

3. No es cierto que los críticos _____ de ti.

4. No es verdad que _____ en obras de eatro malísimas.

5. Es imposible que el director no te _____ a su fiesta.

6. Dudo que a los espectadores no les _____ tu actuación.

2 **El jefe mentiroso** Estás trabajando de ayudante para una publicación sensacionalista. A ti no te gusta el trabajo, pero necesitas el dinero. El problema es que tu jefe no deja de inventar historias que tú sabes que no son verdad. Escucha cada chisme que menciona tu jefe y dile lo que piensas en tus propias palabras.

> **modelo**
> Tú escuchas: Jon Bon Jovi se ha divorciado después de diez años de matrimonio.
> Tú escribes: *Dudo mucho que Jon Bon Jovi **se haya divorciado**./*
> *Me extraña que Jon Bon Jovi **se haya divorciado**.*

1. (Madonna) _____

2. (Barbara Walters, Matt Damon) _____

3. (Jennifer López) _____

4. (el presidente, Elvis) _____

5. (Steven Spielberg) _____

6. (Michael Jordan) _____

3 **Y tú, ¿qué piensas?** Escucha cinco preguntas sobre los chismes y los medios de prensa y responde expresando tu opinión. Usa el **pretérito perfecto del subjuntivo**.

1. _____

2. _____

3. _____

4. _____

5. _____

Lab Manual

9.2 Relative pronouns

1 **Patricia Montero, estrella de cine** Escucha la entrevista de Fabiola a la gran actriz Patricia Montero. Luego escribe el nombre de la persona que dice cada oración.

_____ 1. Tengo frente a mí a una estrella que ha obtenido grandes éxitos.

_____ 2. ¿Cuál es el actor más atractivo con quien has trabajado?

_____ 3. Luis Aguilera tiene un concepto de las telenovelas que va a ser revolucionario.

_____ 4. El público quiere personajes reales con los que pueda identificarse.

_____ 5. Dicen que el camerino en el que te vistes y maquillas siempre tiene flores exóticas.

_____ 6. Eso lo escribió un reportero cuya esposa era actriz y estaba celosa.

2 **La entrevista** Ahora escucha de nuevo la entrevista de la **actividad 1** y completa estas oraciones con los pronombres relativos de la lista.

a quien	con los que	en el cual
al cual	con quien	en el que
con el que	cuya	que

1. George Clooney es el actor _____ Patricia más admira.

2. El director _____ va a trabajar Patricia es Luis Aguilera.

3. La gente que mira las telenovelas quiere personajes _____ identificarse.

4. Un reportero _____ esposa estaba celosa dijo una mentira.

5. En el camerino _____ se viste Patricia nunca hay flores exóticas.

3 **La fama** Vas a escuchar unos comentarios sobre personas que trabajan en distintos medios de comunicación. Escúchalos y contesta las preguntas usando los pronombres relativos indicados.

1. ¿Quién es la doble de la cantante latina?

(que) Es la chica **que** está allí sentada.

2. ¿De qué reportero famoso están hablando?

(cuyo) Están hablando del reportero _____

3. ¿De qué crítico de cine están hablando?

(con quien) Están hablando del critico de cine _____

4. ¿Qué emisora se ha hecho popular entre la comunidad latina?

(que) La emisora _____ se ha hecho popular.

5. ¿Quién es el chico atractivo?

(a quien) Es el chico _____

6. ¿Qué fotografías mandaste?

(cuyos) Mandé las fotografías _____

Lab Manual

9.3 The neuter *lo*

1 **Los placeres del mate** Rosana, una estudiante uruguaya de intercambio en los Estados Unidos, ha preparado una presentación sobre el mate para una de sus clases. Escucha un fragmento de su presentación y después indica si las oraciones son **ciertas** o **falsas**.

Cierto Falso

❑ ❑ 1. Lo mejor del mate es que no te deja dormir por la noche.

❑ ❑ 2. Lo peor del mate es que te acostumbras a él y luego ya no puedes vivir sin él.

❑ ❑ 3. Lo que más le gusta del mate a Rosana es que no se comparte.

❑ ❑ 4. Rosana dice que una buena razón para tomarlo es lo delicioso que es.

❑ ❑ 5. Rosana destaca lo fácil que es preparar una mateada.

❑ ❑ 6. El padre de Rosana decía que lo más importante del mate es que simboliza amistad.

2 **Acción de Gracias** Ahora piensa en las tradiciones del día de Acción de Gracias (*Thanksgiving*). Escucha lo que una persona opina sobre esta fiesta y decide si estás de acuerdo o no con sus opiniones. Explica por qué.

lavar los platos	pavo
disfrutar con la familia	puré de papas
ofertas	

1. de acuerdo / en desacuerdo _____

2. de acuerdo / en desacuerdo _____

3. de acuerdo / en desacuerdo _____

4. de acuerdo / en desacuerdo _____

5. de acuerdo / en desacuerdo _____

6. de acuerdo / en desacuerdo _____

3 **Tradiciones familiares** Probablemente en tu familia hay alguna tradición relacionada con alguna comida o bebida. Elige una y luego contesta las preguntas que vas a escuchar.

1. _____
_____

2. _____
_____

3. _____
_____

4. _____
_____

VOCABULARIO

Ahora escucharás el vocabulario que está al final de la **Lección 9**. Escucha con atención cada palabra o expresión y después repítela.

Lab Manual

CONTEXTOS

Lección 10
La literatura y el arte

1   **Una pareja compatible** Graciela y Paulino son personas creativas. Escucha las afirmaciones sobre ellos e indica si cada una es **cierta** o **falsa**, según la ilustración.

	Cierto	Falso
1.	❑	❑
2.	❑	❑
3.	❑	❑
4.	❑	❑
5.	❑	❑

Graciela

Paulino

2   **Crítica** La locutora de un programa de radio habla hoy de la última novela de un conocido escritor. Escucha su crítica literaria y después contesta las preguntas.

1. ¿Cuál es el título de la novela? _____

2. Según la locutora, ¿tendrá éxito la novela? _____

3. ¿Qué quiere hacer el estudio cinematográfico? _____

4. ¿Cómo es el estilo del escritor? _____

5. ¿Qué historia narra la novela? _____

3   **¿Cuánto sabes?** ¿Sabes mucho sobre arte? ¿Y sobre literatura? Para medir tus conocimientos, escucha las preguntas del narrador y elige la respuesta que te parezca más lógica y apropiada para cada pregunta.

1. a) Significa que la pintura muestra plantas y animales muertos.

    b) Significa que la pintura muestra imágenes de la naturaleza sin movimiento.

2. a) Cuenta cronológicamente los sucesos principales que tienen lugar en una narración.

    b) Describe a los personajes y el lugar donde se desarrolla la historia.

3. a) Hablamos de alguien que vive durante el mismo período que vivimos nosotros.

    b) Nos referimos a una persona que siempre hace las cosas con tiempo.

4. a) Es una imagen del artista que pinta el retrato.

    b) Es una imagen abstracta de un sujeto.

5. a) Casi siempre tiene una heroína que lucha por una causa social.

    b) Suele tener una protagonista que tiene que vencer varios obstáculos para conseguir el amor de su vida. La historia termina con un final feliz.

Lab Manual

ESTRUCTURA

10.1 The future perfect

1 **La galería de arte** Armando, el ayudante en una galería de arte, habla con Manuela, la directora. Él está explicándole los planes que ha preparado después de reunirse con los próximos tres artistas que exhibirán sus obras en la galería. Escucha las notas de Armando y después completa las oraciones, según la información que escuches.

1. Para el martes yo ya _____ las invitaciones por correo electrónico.

2. Ramón, el pintor surrealista, _____ los dos últimos cuadros para octubre.

3. Lucía, la escultora, _____ su última escultura antes de la Navidad.

4. Emilio, el pintor de retratos, _____ sus problemas personales para enero o febrero.

5. Y para entonces Emilio ya _____ los retratos para la exposición de primavera.

6. Si Emilio no está listo para presentar su trabajo, nosotros ya _____ otras obras.

2 **¿Qué habrá pasado?** Finalmente, la exposición que organizaban Manuela y Armando se canceló. Escucha lo que sucedió y haz suposiciones para explicar lo que habrá pasado en cada caso. ¡Sé creativo!

> **modelo**
> *Tú escuchas:* Manuela cerró la galería de arte.
> *Tú escribes: Probablemente **habrá tenido** problemas económicos.*

1. _____
2. _____
3. _____
4. _____
5. _____
6. _____

3 **Una escritora ocupada** Escucha la conversación telefónica entre la escritora Margarita Silva y el jefe de redacción del periódico para el que ella escribe. Después indica si las oraciones son **ciertas** o **falsas**. Corrige las falsas.

Cierto	Falso	
❑	❑	1. Margarita habrá terminado su columna semanal para el sábado.
❑	❑	2. A los lectores les interesó el artículo de Margarita.
❑	❑	3. El jefe piensa que los artículos satíricos son aburridos.
❑	❑	4. Cuando vaya de viaje a Valparaíso, Margarita ya habrá enviado la novela.
❑	❑	5. Margarita desea haber hecho un buen trabajo.

10.2 The conditional perfect

1 **La vida bohemia** Arturo es un joven artista polifacético: escribe, pinta, hace esculturas, compone, ¡y hasta canta! Sin embargo, este último año ha tenido muchos problemas profesionales. Escucha lo que dice Arturo y ordena estas oraciones cronológicamente.

_____ a. Envió un cuento a un periódico y lo publicaron con el nombre de otro escritor.

_____ b. Le regaló una escultura a una amiga y ella se la vendió a un coleccionista de arte.

_____ c. Escribió una canción, pero su amigo no reconoció sus derechos de autor.

_____ d. Le prometieron exhibir sus cuadros en una galería, pero cambiaron de opinión.

_____ e. Lo contrataron para dar un concierto y lo cancelaron al día siguiente.

2 **Todo podría haber sido distinto** Ahora vuelve a escuchar lo que dice Arturo y completa estas oraciones escribiendo lo que podría haber sucedido. Usa el condicional perfecto.

1. Si Arturo hubiera exhibido sus obras en la galería de arte, _habría podido vender un montón de cuadros._

2. Si el concierto no se hubiera cancelado, _____

_____.

3. Si su amiga no hubiera vendido la escultura de Arturo, _____

_____.

4. Si Arturo no hubiera enviado el cuento al periódico, _____

_____.

5. Si Arturo no hubiera escrito una canción para su amigo, _____

_____.

3 **¿Qué habrías hecho tú?** Emilio te va a explicar lo que hizo en varias situaciones. Escúchalo y después indica qué habrías hecho tú en su lugar.

> **modelo**
> *Tú escuchas:* Mis amigos me regalaron entradas para ver una obra de teatro, pero yo no las acepté.
> *Tú escribes: En su lugar, yo las **habría aceptado**.*

1. _____
2. _____
3. _____
4. _____
5. _____
6. _____

Lab Manual

10.3 The past perfect subjunctive

1 **Críticas negativas** Todo el mundo se queja de algo en una exposición de cuadros. Escucha los comentarios de algunas personas y escribe lo que no le gustó a cada una de ellas. Usa el pluscuamperfecto del subjuntivo.

> **modelo**
>
> *Tú escuchas:* A Ramón no le gusta que haya asistido tanta gente a la exposición.
> *Tú escribes: A Ramón no le gustó que **hubiera asistido** tanta gente a la exposición.*

1. A Emilio le molestó que _____ tantos problemas con las bebidas.

2. Al señor y a la señora Ramírez no les pareció bien que se _____ tanto espacio a las esculturas.

3. A la recepcionista le molestó que no _____ a otro ayudante.

4. Los artistas tenían miedo de que sus obras no se _____ contra posibles robos.

5. Al representante del servicio de comida no le gustó que _____ tantos invitados antes de la hora prevista.

6. El dibujante pensaba que era una lástima que no se _____ mejor el espacio.

2 **¿Cómo fue la exposición?** Piensa en la última vez que asististe a una exposición o imagina que has asistido a una. Escucha oraciones incompletas y, basándote en esa experiencia, complétalas de forma apropiada.

> **modelo**
>
> *Tú escuchas:* Cuando llegué allí, me molestó que no...
> *Tú escribes: Cuando llegué allí, me molestó que no **hubieran servido** nada de comer. /*
> *Cuando llegué allí, me molestó que no **hubiera llegado** nadie.*

1. _____

2. _____

3. _____

4. _____

VOCABULARIO

Ahora escucharás el vocabulario que está al final de la **Lección 10**. Escucha con atención cada palabra o expresión y después repítela.

CONTEXTOS

1 Noticias Escucha el siguiente resumen de noticias y después marca las palabras de la lista que se mencionan.

_____ aprobar   _____ líder

_____ ateos   _____ luchar

_____ campaña   _____ votar

_____ creencia   _____ rechazar

_____ inscribirse   _____ senador

2 La noticia Escucha otra vez la noticia de la **actividad 1** y contesta las preguntas.

1. ¿Qué cargo político tiene Ramón Pastor?

   Ramón Pastor es _____

2. ¿Qué presentó Ramón Pastor la semana pasada?

   Ramón Pastor presentó _____

3. ¿Para qué quiere organizar una campaña?

   Quiere organizar una campaña para _____

4. ¿Por qué cree el senador que el Congreso no puede rechazar el proyecto de ley?

   Cree que el Congreso no puede rechazarlo porque _____

5. ¿Cuándo cree que se va a aprobar la ley?

   Cree que la ley se va a aprobar _____

3 Los candidatos Hay dos finalistas para el puesto de presidente estudiantil en tu universidad: Rosa Martínez y Eusebio Roma. Escucha sus presentaciones y después contesta las preguntas.

1. ¿Cuándo van a ser las elecciones para el cargo de presidente estudiantil?

   _____

2. ¿Cuál de los dos candidatos quiere luchar contra la discriminación racial?

   _____

3. ¿Cuál de los dos candidatos cree en el diálogo para conseguir sus objetivos?

   _____

4. ¿A quién deben votar los estudiantes que quieren grandes cambios en la universidad?

   _____

5. Basándote en sus discursos, ¿quién crees que es el mejor candidato? ¿Por qué?

   _____

Lab Manual

ESTRUCTURA

11.1 The passive voice

1   **Reunión política** Un periodista comenta la situación de un político controvertido. Escucha lo que dice y escribe el participio adecuado para completar cada uno de sus comentarios.

abrir	elegir	gobernar
criticar	escuchar	recibir

1. _____   4. _____

2. _____   5. _____

3. _____

2   **La campaña** Pilar, una estudiante de cuarto año de ciencias políticas, está preparando un resumen de los sucesos políticos que tuvieron lugar en la universidad durante la semana pasada y necesita tu ayuda. Escucha a Pilar mientras te lee una lista de sucesos; toma notas, y luego escribe qué sucedió usando la forma pasiva.

> **modelo**
> *Tú escuchas:* Los estudiantes escucharon a los candidatos.
> *Tú escribes:* Los candidatos **fueron escuchados** por los estudiantes.

1. Los discursos _____ por los candidatos.

2. La candidatura de Rosa Martínez _____ por el presidente de la universidad.

3. La protesta contra la discriminación racial _____ por Eusebio Roma.

4. Los panfletos sobre la tolerancia _____ por Rosa Martínez.

5. Los senadores _____ por los estudiantes en el aeropuerto.

6. La fecha para las elecciones _____ por la presidenta de la universidad.

3   **¿Un buen o mal político?** Un político recién electo habla en una rueda de prensa sobre cinco temas importantes para el país. Escucha sus comentarios y decide si son propios de un buen político o un mal político. Después, explica por qué.

1. buen político/mal político _____
_____

2. buen político/mal político _____
_____

3. buen político/mal político _____
_____

4. buen político/mal político _____
_____

5. buen político/mal político _____
_____

Lab Manual

11.2 Uses of *se*

1 **Una situación complicada** Amelia cuenta lo que les pasó a dos amigos suyos mientras esperaban su turno para votar en estas últimas elecciones. Escucha su historia y después determina si estas oraciones son **ciertas** o **falsas**.

Cierto	Falso	
❏	❏	1. Al llegar al centro, los amigos de Amelia se pusieron en la cola.
❏	❏	2. No se les pidió que mostraran su documentación en ningún momento.
❏	❏	3. Se les informó que no podían votar por no ser ciudadanos.
❏	❏	4. A los responsables del centro se les rompieron las computadoras.
❏	❏	5. Después, se les prohibió la entrada al centro a todas las personas.
❏	❏	6. El periódico local no se enteró de la noticia.
❏	❏	7. Se criticó a los responsables del centro por su falta de organización.
❏	❏	8. Los amigos de Amelia se tuvieron que marchar sin poder votar.

2 **Un poco de imaginación** Ayuda a Roberto a terminar las oraciones que hablan de todas las cosas inesperadas que le pasaron durante la última protesta política en la que participó. Escucha a Roberto y luego termina sus oraciones de forma lógica usando **se** para expresar eventos inesperados.

> **modelo**
>
> *Tú escuchas:* Ese día estaba tranquilo en mi casa, cuando de repente me di cuenta de que...
> *Tú lees:* (olvidar/ir/protesta)
> *Tú escribes: se me olvidó que tenía que ir a la protesta estudiantil.*

1. (perder/llaves) _____
2. (caer/libros) _____
3. (quedar/cartel/casa) _____
4. (acabar/batería/carro) _____
5. (olvidar/razón/protesta) _____

3 **Decisiones políticas** Escucha algunos comentarios del primer ministro sobre las últimas decisiones del gobierno. Luego, escríbelos usando oraciones pasivas con **se**.

1. *Se aprobará la nueva ley contra la violencia familiar.* _____
2. _____
3. _____
4. _____
5. _____
6. _____

Lab Manual

11.3 Prepositions: *de, desde, en, entre, hasta, sin*

1 **La Semana Santa** Un profesor les habla a los estudiantes de la Semana Santa (*Holy Week*) en España. Escucha lo que dice y completa este fragmento.

En España la mayoría 1) _____ es católica y hay varias celebraciones y fiestas religiosas muy importantes, como la Semana Santa. Si visitan las ciudades españolas 2) _____ esas fechas, pueden ver muchas procesiones 3) _____ las que las imágenes o estatuas de las vírgenes y santos salen a la calle... Hay personas que son muy devotas 4) _____ vírgenes y santos, como la Virgen de la Macarena o el Señor del Gran Poder, y cuando pasan esas imágenes de alguno de ellos 5) _____, las personas devotas les cantan canciones... También hay una procesión para niños con la imagen 6) _____ "La Borriquita". Los niños salen acompañando a la imagen de Jesús con una borriquita, que es un burro pequeño. Esta imagen es muy popular 7) _____. Durante la Semana Santa las calles se llenan 8) _____ procesiones y bandas 9) _____ música. No se puede imaginar una Semana Santa 10) _____ procesiones, flores o música religiosa. En Sevilla, por ejemplo, la Semana Santa es muy pintoresca y es una tradición 11) _____. Personas de todas partes del país viajan 12) _____ Sevilla para pasar esas fiestas 13) _____ y familiares.

2 **¿Creer o no creer?** Escucha el comienzo de cinco oraciones que hablan de las religiones y escribe en la primera columna el número adecuado para identificar a qué final corresponde cada una. Luego, escribe en la tercera columna a qué religión o creencia se refieren.

Comienzo	Final	Religión	
_____	a. desde nuestra casa a la sinagoga.	_____	budista
_____	b. Dios.	_____	musulmana
_____	c. hasta la noche.	_____	atea
_____	d. sin leer la Biblia.	_____	cristiana
_____	e. entre sus seguidores.	_____	judía

VOCABULARIO

Ahora escucharás el vocabulario que está al final de la **Lección 11**. Escucha con atención cada palabra o expresión y después repítela.

Lab Manual

CONTEXTOS

Lección 12
La historia y la civilización

1 **Identificación** Escucha las descripciones relacionadas con la historia y, para cada una, escribe la palabra o expresión adecuada. Hay palabras que no necesitarás.

conocimiento	esclavitud	sabiduría
derrocar	herencia cultural	siglo
ejército	oprimir	soldado

1. _____
2. _____
3. _____
4. _____
5. _____
6. _____

2 **¿Qué sabes de Latinoamérica?** ¿Has estudiado la historia de Latinoamérica en alguna de tus clases? Ésta es tu oportunidad de demostrar tus conocimientos sobre el tema. Escucha las afirmaciones e indica si son **ciertas** o **falsas**. Corrige las falsas. Si necesitas ayuda, consulta tu libro de texto.

	Cierto	Falso	
1.	❏	❏	_____
2.	❏	❏	_____
3.	❏	❏	_____
4.	❏	❏	_____
5.	❏	❏	_____
6.	❏	❏	_____

3 **¿Y tú?** Escucha con atención las preguntas relacionadas con la historia y contesta según tu opinión.

1. _____
2. _____
3. _____
4. _____

Lab Manual

ESTRUCTURA

12.1 Uses of the infinitive

1 **La clase de historia** Al profesor don Julián le gusta bromear (*to joke*) y también asegurarse de que sus estudiantes estén atentos. Escucha las recomendaciones que tiene para su clase y decide si son lógicas o ilógicas.

1. lógica / ilógica   4. lógica / ilógica

2. lógica / ilógica   5. lógica / ilógica

3. lógica / ilógica   6. lógica / ilógica

2 **Machu Picchu** Sofía trabaja como voluntaria en una excavación cerca de Machu Picchu. Escucha lo que le cuenta a su padre sobre su trabajo y después contesta las preguntas.

1. ¿Sofía tiene que madrugar o puede levantarse tarde? ¿A qué hora se levanta?

   Tiene que _____

2. ¿Por qué el padre de Sofía quiere que ella prepare la receta de ceviche cuando regrese?

   Porque quiere _____

3. ¿Por qué Sofía quiere trabajar en este proyecto?

   Quiere _____ sobre las vasijas peruanas.

4. ¿Para qué usa el pincel Sofía? ¿Por qué?

   Usa el pincel para _____ porque tiene que _____

5. ¿Qué debe hacer mañana el padre de Sofía?

   Debe _____ para _____

6. ¿Por qué Sofía tiene que despedirse de su padre?

   Sofía tiene que _____ porque la llaman para _____

3 **Una entrevista** El profesor de arqueología de Sofía necesita más personas para trabajar con el equipo de ayudantes en la excavación cerca de Machu Picchu. Imagina que vas a entrevistarte con él. Escucha sus preguntas y contesta cada una usando el infinitivo. Sigue el modelo.

> **modelo**
> *Tú escuchas:* ¿Qué crees que es importante saber para dedicarse a la arqueología?
> *Tú escribes:* *Es importante saber historia y estudiar las lenguas de la comunidad.*

1. _____

2. _____

3. _____

4. _____

5. _____

12.2 Summary of the indicative

1   **El paso del tiempo** ¿Sabes mucho de historia? ¿Estás al día con lo que pasa en el mundo? Vas a escuchar una serie de datos históricos. Escucha la información y después usa tus conocimientos de historia y de la actualidad internacional para escribir cada oración en el tiempo verbal adecuado.

> **modelo**
>
> *Tú escuchas:* Colón llega a América por primera vez.
> *Tú escribes: Colón **llegó** a América por primera vez.*

1. _____ la Segunda Guerra Mundial.
2. _____ la esclavitud en los Estados Unidos.
3. Estados Unidos, Irak y Cuba _____ en aliados para promover la paz mundial.
4. Francisco Franco _____ la dictadura en España.
5. Todos los habitantes del planeta _____ de los mismos derechos.

2   **Tu propia historia** Ahora piensa en tu propia vida y contesta estas preguntas sobre el pasado, el presente y el futuro. Luego agrega dos datos personales más en cada categoría.

PASADO

1. a. _____

      _____

   b. _____

      _____

   c. _____

      _____

PRESENTE

2. a. _____

      _____

   b. _____

      _____

   c. _____

      _____

FUTURO

3. a. _____

      _____

   b. _____

      _____

   c. _____

Lab Manual

12.3 Summary of the subjunctive

1 **Nuestro futuro** ¿Eres optimista con respecto al mundo que dejaremos para las próximas generaciones? Escucha unas observaciones incompletas e indica el final adecuado para cada una.

_____ 1. a. hicieran la guerra continuamente.
       b. aprendieran a convivir en paz.
       c. oprimieran a los más débiles.

_____ 2. a. en los países desarrollados.
       b. en la Edad Media.
       c. con un sistema de esclavitud.

_____ 3. a. haya tanta armonía entre los pueblos.
       b. haya tantos barrios.
       c. haya tanto racismo.

_____ 4. a. hubiera menos conflictos mundiales.
       b. hubiera tantas sanciones en el pasado.
       c. hubiera más embajadores.

_____ 5. a. se termine la semana.
       b. destruyamos el planeta con otra guerra mundial.
       c. el guerrero se rinda.

2 **Situaciones hipotéticas** Escucha los finales de seis oraciones sobre situaciones hipotéticas pasadas y completa cada una con la información dada.

> **modelo**
>
> *Tú escuchas:* <beep> habría visto al primer hombre llegar a la Luna.
> *Tú lees:* (vivido / 1969)
> *Tú escribes: Si hubiera vivido en el año 1969,*

1. vivir / siglo XVIII _____

2. ser / Leonardo da Vinci _____

3. estar / Europa / año 1914 _____

4. nacer / en la prehistoria _____

5. tener / castillo _____

3 **¿Y tú?** ¿Cuál es tu visión del futuro? Escucha unas oraciones incompletas y termínalas de forma apropiada, según tu opinión.

1. _____
2. _____
3. _____
4. _____
5. _____
6. _____

VOCABULARIO

Ahora escucharás el vocabulario que está al final de la **Lección 12**. Escucha con atención cada palabra o expresión y después repítela.

¡BIENVENIDA, MARIELA!

Lección 1

Antes de ver el video

1 **¿Qué están diciendo?** En la primera lección, los empleados de la revista *Facetas* conocen a Mariela, una nueva compañera de trabajo. Observa esta imagen y haz predicciones sobre lo que está ocurriendo.

_____

_____

_____

_____

_____

Mientras ves el video

2 **Completar** Completa las conversaciones con lo que escuchas en el video.

1. **JOHNNY**   En estos momentos _____ en el _____.

   DIANA   ¡No! Di que _____ _____ con un cliente.

2. **JOHNNY**   Jefe, _____ un mensaje de Mariela Burgos.

   AGUAYO   _____ a reunirse con nosotros.

3. **JOHNNY**   Perfecto. Soy el _____ Juan Medina.

   ÉRIC   _____ a *Facetas*, señor Medina.

4. **AGUAYO**   Hay que ser _____ al contestar el teléfono.

   DIANA   Es una _____.

5. **DIANA**   Me han hablado tanto de ti, que estoy _____ por conocer tu propia versión.

   MARIELA   Estudio en la UNAM y _____ de una familia grande.

6. **FABIOLA**   ¿Qué te _____?

   ÉRIC   Creo que es bella, _____ e inteligente.

3 **¿Quién hace esto?** Escribe el nombre del personaje (o de los personajes) que hace(n) cada una de estas acciones.

1. Ordena una pizza. _____

2. Le presenta el equipo de empleados a Mariela. _____

3. Contesta el teléfono. _____

4. Da su opinión sobre Mariela. _____

5. Hacen una demostración de cómo recibir a un cliente. _____

Video Manual

Después de ver el video

4 **Corregir** Estas oraciones son falsas. Reescríbelas con la información correcta.

1. Diana les da a sus compañeros copias de la revista *Facetas*.

_____

2. Aguayo les explica a sus empleados cómo contestar una carta.

_____

3. Mariela ordena una pizza porque tiene hambre.

_____

4. Mariela viene de una familia pequeña de sólo dos hijos.

_____

5. Al final, Fabiola y Johnny hablan de comida.

_____

_____

5 **En tu opinión** Contesta estas preguntas.

1. ¿Crees que Johnny y Éric deben cambiar sus actitudes en el trabajo? Explica.

_____

2. ¿Qué empleado/a de la oficina es más serio/a? ¿Quién es el/la más divertido/a? ¿Por qué?

_____

3. ¿Cuál de los personajes tiene el trabajo más interesante? ¿Por qué?

_____

4. ¿Cómo es la relación de los empleados con Aguayo? Explica tu respuesta.

_____

5. Mariela tiene una familia muy grande. ¿Y tú? ¿Cómo es tu familia?

_____

6 **Escribir** Hay seis personajes principales en el video. Elige a dos de ellos y luego escribe una descripción que incluya características físicas, de la personalidad y tu impresión personal de cada uno. Escribe al menos tres oraciones sobre cada uno.

_____

_____

_____

_____

_____

_____

_____

_____

Video Manual

¡TENGO LOS BOLETOS!

Lección 2

Antes de ver el video

1 **¿Qué boletos?** Mariela tiene unos boletos (*tickets*) en la mano. ¿Para qué evento crees que serán? ¿Invitará a alguna persona de la oficina? Imagina una conversación entre Mariela, Aguayo y Fabiola.

_____

_____

_____

_____

_____

_____

_____

Mientras ves el video

2 **¡Es viernes!** Escucha con atención la conversación entre Johnny y Éric e indica cuáles de estas palabras o verbos se mencionan.

1. _____ el cine   5. _____ divertirse
2. _____ el concierto   6. _____ el fútbol
3. _____ la fiesta   7. _____ la discoteca
4. _____ el teatro   8. _____ aburrirse

3 **Completar** Escucha con atención esta conversación entre Éric y Diana. Luego, completa las oraciones.

ÉRIC   Diana, ¿te puedo 1) _____ un 2) _____?

DIANA   Estoy algo 3) _____.

ÉRIC   Es que se lo 4) _____ que contar a una 5) _____.

DIANA   Hay dos 6) _____ más en la oficina.

ÉRIC   Temo que se rían 7) _____ se lo cuente.

DIANA   ¡Es un 8) _____!

ÉRIC   Temo que se rían de 9) _____ y no del 10) _____.

DIANA   ¿Qué te hace 11) _____ que yo me voy a 12) _____ del chiste y no de ti?

ÉRIC   No sé, ¿tú eres una 13) _____ seria?

DIANA   ¿Y por qué se lo tienes que 14) _____ a una 15) _____?

ÉRIC   Es un 16) _____ para conquistarlas.

Video Manual

Después de ver el video

4 **¿Por qué?** Contesta estas preguntas sobre el estado de ánimo de los personajes.

1. ¿Por qué Éric está tan triste y deprimido?

_____

2. ¿Qué consejo le da Johnny a Éric para enamorar a una mujer?

_____

3. ¿Por qué Mariela está tan entusiasmada y feliz?

_____

4. ¿Por qué se ríe tanto Diana?

_____

5 **¿Qué dicen exactamente?** Las siguientes oraciones son incorrectas. Léelas con atención y luego reescríbelas con la información correcta.

1. Éric está con cara triste porque está enfermo.

_____

2. ¡Anímate! Es mitad de mes.

_____

3. Necesitas aburrirte.

_____

4. Tienes que contarles mentiras.

_____

5. *Conexión.* Aquí tengo el disco compacto. ¿Lo quieren ver?

_____

6. Deséenme buen viaje.

_____

7. ¿Alguien tiene café?

_____

8. ¿Lo hiciste tú o sólo lo estás bebiendo?

_____

6 **Piropos o chistes** Johnny le dice a Éric que, para atraer a las chicas, hay que contarles chistes. Otra estrategia para conquistarlas es decirles piropos (*compliments*) graciosos. Escribe un chiste o un piropo que tú le dirías a una persona para conquistarla.

_____

_____

_____

_____

_____

_____

_____

_____

Video Manual

¿ALGUIEN DESEA AYUDAR?

Lección 3

Antes de ver el video

1 ¡**Estoy a dieta!** Diana regresa del almuerzo con unos dulces. ¿Sobre qué crees que están hablando Diana, Aguayo y Mariela? Inventa una pequeña conversación entre ellos.

_____

_____

_____

_____

_____

_____

_____

Mientras ves el video

2 ¿**Cierto o falso?** Escucha con atención la primera parte del video e indica si las siguientes oraciones son **ciertas** o **falsas**.

Cierto Falso

❑   ❑   1. Diana odia los fines de semana.

❑   ❑   2. Fabiola y Diana siempre discuten los lunes.

❑   ❑   3. Los hijos de Diana la ayudan con las tareas del hogar.

❑   ❑   4. Fabiola va de compras con la hija mayor de Diana.

❑   ❑   5. Diana no supervisa los gastos de sus hijos.

❑   ❑   6. La suegra de Diana perdió la tarjeta de crédito.

3 **Completar** Escucha lo que dicen Aguayo y sus empleados. Luego completa las oraciones.

almorcé	comí	limpieza
almuerzo	enfermo	llegué
aspiradora	esfuerzo	quieres
ayudarte	estuviste	traje

1. El señor de la _____ dejó un recado (mensaje) diciendo que está _____.

2. Voy a pasar la _____ a la hora del _____.

3. Les _____ unos dulces para premiar su _____.

4. Qué pena que no _____ a tiempo para _____.

5. Lo mismo digo yo. Y eso que _____ tan de prisa que no comí postre.

6. Tienes lo que _____ y yo también. Por cierto, ¿no _____ en el dentista?

Lección 3 Video Manual | **205**

Después de ver el video

4 **Excusas** Aguayo pide ayuda a sus empleados para limpiar la oficina, pero todos tienen una excusa. Completa las siguientes oraciones, escribiendo cuál es la excusa de cada personaje.

1. Fabiola no puede ayudar porque _____

2. Diana no puede ayudar porque _____

3. Éric no puede ayudar porque _____

4. Johnny no puede ayudar porque _____

5 **¡Qué buena es Mariela!** Mariela es la única que ayuda a Aguayo a limpiar la oficina. Escribe todas las tareas que hacen entre los dos. Luego, inventa otras tareas que podrían haber hecho.

_____

_____

_____

_____

6 **Limpiar y desinfectar** Escribe un párrafo de al menos diez líneas indicando qué tareas hiciste la última vez que limpiaste y ordenaste tu casa. Puedes usar los verbos de la lista.

barrer	ordenar
lavar	quitar el polvo
limpiar	

_____

_____

_____

_____

_____

_____

_____

_____

_____

_____

_____

_____

Video Manual

¿DULCES? NO, GRACIAS.

Lección 4

Antes de ver el video

1 **¡Adiós, dulcísimos!** A Johnny le encantan los dulces, pero ha decidido mejorar su alimentación y, por eso, parece que Johnny se está despidiendo de los dulces. ¿Qué crees que está diciendo? Imagina un monólogo.

_____

_____

_____

_____

_____

_____

Mientras ves el video

2 **Completar** Escucha con atención la escena en la sala de reuniones y completa la conversación entre Aguayo, Diana, Éric y Mariela.

AGUAYO   Quiero que 1) _____ unos cambios a estos 2) _____.

DIANA   3) _____ que son buenos y 4) _____, pero tienen dos problemas.

ÉRIC   Sí. Los 5) _____ son buenos no son originales, y los que son originales no son 6) _____.

AGUAYO   ¿Qué 7) _____?

AGUAYO   ¿8) _____ la voz?

DIANA   9) _____ a Dios… Por un momento 10) _____ que me había quedado 11) _____.

AGUAYO   Pero estás 12) _____, deberías estar en 13) _____.

ÉRIC   Sí, 14) _____ haber llamado para 15) _____ que no 16) _____.

3 **¿Cuándo pasó?** Ordena correctamente las oraciones del uno al cinco.

_____ a. Fabiola y Johnny hablan de cómo mantenerse en forma.

_____ b. Mariela no puede contestar el teléfono de Aguayo.

_____ c. Johnny llega a la oficina muy temprano.

_____ d. Johnny come la Chocobomba.

_____ e. Don Miguel come un dulce.

Video Manual

Después de ver el video

4 **Oraciones falsas** Estas oraciones son falsas. Reescríbelas con la información correcta.

1. **Johnny:** Madrugué para ir al acuario.

_____

2. **Diana:** A veces me dan ganas de comer, y entonces hago ejercicio hasta que se me pasan las ganas.

_____

3. **Fabiola:** Yo, por ejemplo, no como mucho; pero trato de descansar y hacer poco ejercicio.

_____

4. **Johnny:** Comida bien grasienta (*greasy*) y alta en calorías. Juré que jamás volvería a probar las verduras.

_____

5. **Johnny:** Si no puedes comer bien, disfruta comiendo mal. No soy feliz.

_____

5 **¿Estás de acuerdo con ellos?** Explica qué hacen estos tres personajes, o qué piensan que deben hacer, para mantenerse sanos, en forma y felices. Luego, explica si estás de acuerdo o no con cada uno de ellos y por qué.

6 **¿Adictos a la vida sana?** ¿Cómo es un(a) estudiante típico/a de tu escuela? ¿Lleva una dieta sana o come comidas rápidas? ¿Hace ejercicio o prefiere descansar "hasta que se le pasen las ganas" como Diana? ¿Y tú? ¿Eres o no adicto/a a la vida sana?

_____

_____

_____

_____

Video Manual

¡BUEN VIAJE!

Antes de ver el video

1

En la selva En este episodio Éric y Fabiola hablan de su viaje a Venezuela. Mira la fotografía y describe qué crees que están haciendo Éric y Johnny.

_____

_____

_____

_____

_____

_____

Mientras ves el video

2

Seleccionar Escucha atentamente el video y marca todas las palabras y frases que **NO** se usan en este episodio.

____ 1. alojamiento	____ 6. ecoturismo	____ 11. inseguridad	____ 16. árboles
____ 2. arriesgado	____ 7. enfrentar	____ 12. peligro	____ 17. selva
____ 3. artículo	____ 8. enojado	____ 13. quejarse	____ 18. tomando fotos
____ 4. cobardes	____ 9. explorando	____ 14. rayas	____ 19. turístico
____ 5. protegido	____ 10. guía fotográfico	____ 15. rayos	____ 20. valiente

3

Ordenar Escucha con atención las primeras escenas del video y ordena las oraciones del uno al seis.

____ a. El autobús del hotel nos va a recoger a las 8:30.

____ b. ¿Y ese último número para qué es?

____ c. Tenemos que salir por la puerta 12.

____ d. Es necesario que memoricen esto.

____ e. Es lo que van a tener que pagar por llegar en taxi al hotel si olvidan los dos números primeros.

____ f. Cuarenta y ocho dólares con cincuenta centavos.

4

¿Quién lo dice? Presta atención a la conversación entre Aguayo, Éric, Diana, Johnny y Mariela al final del episodio, y escribe el nombre del personaje que dice cada oración.

_____ 1. Pero te puede traer problemas reales.

_____ 2. Es necesario que dejes algunas cosas.

_____ 3. Todo lo que llevo es de primerísima necesidad.

_____ 4. Debe ser emocionante conocer nuevas culturas.

_____ 5. Espero que disfruten en Venezuela y que traigan el mejor reportaje que puedan.

Video Manual

Después de ver el video

5 **¿Lo sabes?** Contesta estas preguntas.

1. ¿Por qué van Éric y Fabiola a Venezuela?

_____

2. ¿Qué les da Diana a Fabiola y a Éric?

_____

3. ¿Qué tiene Fabiola que Éric quiere ver?

_____

4. ¿Qué deben memorizar Éric y Fabiola?

_____

5. ¿Por qué Éric se viste de explorador?

_____

6. ¿Qué consejo les da Johnny a Éric y a Fabiola?

_____

6 **¡Tu mejor amigo se va de viaje!** Tu mejor amigo/a está preparando un viaje de un mes a un país remoto y exótico del cual no sabe nada. Lee las inquietudes (*concerns*) de tu amigo/a y completa las oraciones para darle consejos sobre el tipo de cosas que necesita.

Inquietudes de tu amigo/a	Consejos
No conoce el idioma.	1. Busca una persona que _____.
	2. Lleva un diccionario de bolsillo (*pocket*) que _____.
No conoce las costumbres.	3. Antes de ir, lee una guía que _____.
Hace frío y llueve mucho.	4. Lleva ropa y zapatos que _____.
La altitud lo/la hace sentir muy cansado/a.	5. Planea excursiones que _____.
	6. Come comida que _____.

7 **La aventura ha comenzado** Imagina que eres Éric y estás en Venezuela tomando fotos para el reportaje de ecoturismo. Cuenta en tu diario lo que hiciste, lo que viste y lo que pensaste en un día cualquiera de tu viaje.

_____

_____

_____

_____

_____

_____

_____

_____

CUIDANDO A BAMBI

Lección 6

Antes de ver el video

1 **¡Uy, qué miedo!** Parece que algo extraño está pasando hoy en la oficina. Describe lo que ves en esta imagen y explica qué crees que está pasando.

_____

_____

_____

_____

_____

_____

Mientras ves el video

2 **¿Cierto o falso?** Indica si estas oraciones son **ciertas** o **falsas**.

Cierto Falso

❏ ❏ 1. A Fabiola le encantan las arañas.

❏ ❏ 2. Mariela cree que la radiación podría exterminar las cucarachas.

❏ ❏ 3. El café que hace Aguayo es especialmente malo.

❏ ❏ 4. Aguayo va de vacaciones a un lugar donde hay mar.

❏ ❏ 5. Mariela va a cuidar el pez de Aguayo.

❏ ❏ 6. A Aguayo le encanta explorar y disfrutar de la naturaleza.

❏ ❏ 7. A Fabiola le fascina la comida enlatada.

❏ ❏ 8. Aguayo colecciona fotos de animales en peligro de extinción.

3 **Bambi** Escucha con atención esta escena sobre Bambi y completa la conversación entre Diana, Fabiola y Mariela.

FABIOLA Nos quedaremos 1) _____ a Bambi.

DIANA Ay, no sé ustedes, pero yo lo veo muy 2) _____.

FABIOLA Claro, su 3) _____ lo abandonó para irse a dormir con las

4) _____.

MARIELA ¿Por qué no le 5) _____ de comer?

DIANA Ya le he 6) _____ tres veces.

MARIELA Ya sé, podríamos darle el 7) _____.

Lección 6 Video Manual **211**

Después de ver el video

4 **¿Qué es lo correcto?** Selecciona la respuesta correcta para cada pregunta.

1. ¿Qué extraña Johnny? _____
   a. las islas del Caribe   b. las playas del Caribe   c. los peces del Caribe

2. ¿Qué está haciendo Éric? _____
   a. fotografiando islas   b. catalogando fotos de islas   c. soñando con el Caribe

3. ¿Cuántas fotos de las playas del Caribe ha visto Éric? _____
   a. trescientas   b. doscientas   c. cuatrocientas

4. ¿Quién es Bambi? _____
   a. el venadito de Mariela   b. el pez de Aguayo   c. un perrito con cara de

5. ¿Qué nombre sugiere Fabiola para el pez? _____
   a. Bambi   b. Bimba   c. Flipper

5 **¿Qué sabes sobre Bambi?** Contesta estas preguntas.

1. ¿Cuántas veces al día puede comer Bambi?

_____

2. ¿Qué encontró Fabiola en el escritorio de Johnny?

_____

3. ¿Por qué quiere Mariela darle la ballenita a Bambi?

_____

4. ¿Qué hace Mariela para alegrar a Bambi? ¿Por qué?

_____

5. ¿Quién está celoso (*jealous*) de Bambi? ¿Por qué?

_____

6 **De campamento** Imagina que eres Aguayo y estás de campamento con tu familia. Escribe una entrada de diario explicando qué hicieron y qué vieron.

_____
_____
_____
_____
_____
_____
_____

7 **Opiniones y preferencias** Contesta las preguntas explicando tu respuesta.

1. ¿Te dan miedo las arañas? ¿Qué haces tú cuando ves una araña? ¿Por qué?

_____
_____

2. ¿Qué tipo de alojamiento prefieres cuando sales de vacaciones? ¿Prefieres quedarte en un hotel o acampar? ¿Por qué?

_____
_____

Video Manual

EL PODER DE LA TECNOLOGÍA

Lección 7

Antes de ver el video

1 **Sobredosis de euforia** Mira la imagen y describe lo que ves. ¿Qué crees que está pasando? Tal vez el título de esta lección puede darte una pista (*clue*).

_____

_____

_____

_____

_____

_____

Mientras ves el video

2 **Seleccionar** Escucha con atención la primera escena del video y selecciona todas las palabras de la lista que escuches.

_____ 1. caja

_____ 2. capacidad

_____ 3. conexión

_____ 4. control remoto

_____ 5. firmita

_____ 6. grandota

_____ 7. herramienta

_____ 8. imagen digital

_____ 9. instalación

_____ 10. Internet

_____ 11. pantalla líquida

_____ 12. satélite

_____ 13. sobredosis

_____ 14. sonido indefinido

_____ 15. transbordador espacial

3 **¿Cierto o falso?** Mira la segunda escena del video e indica si las afirmaciones son **ciertas** o **falsas**.

Cierto	Falso	
❏	❏	1. Johnny está en el suelo desmayado.
❏	❏	2. Diana llama a una ambulancia.
❏	❏	3. Según Fabiola, Johnny sufrió una sobredosis de euforia.
❏	❏	4. El hombre que entrega la pantalla está acostumbrado a ver personas que se desmayan.
❏	❏	5. Aguayo intenta reanimar (*revive*) a Johnny con sal.

4 **Completar y nombrar** Escucha con atención las escenas del video y completa las preguntas. Luego escribe el nombre del personaje que hace cada pregunta.

_____ 1. ¿Sabían que en el _____ espacial de la NASA tienen este tipo de _____?

_____ 2. ¿Dónde _____ a instalarla?

_____ 3. ¿Qué? ¿No _____ una _____?

_____ 4. ¿Estás _____ de que _____ lo que haces?

_____ 5. ¿Adónde se _____ la luz cuando se _____?

Video Manual

Después de ver el video

5 **El poder de la tecnología** Contesta estas preguntas sobre el episodio.

1. ¿Cómo se siente Johnny cuando ve a los dos hombres que traen una caja enorme? ¿Por qué?
_____

2. ¿Qué características tiene la pantalla líquida que recibe *Facetas*?
_____

3. ¿Por qué crees que se desmaya Johnny?
_____

4. Según Mariela, ¿cuál es la causa del desmayo de Johnny?
_____

5. ¿Para qué le da Éric sal a Aguayo?
_____

6. ¿Cómo reanima (*revive*) Diana a Johnny?
_____

7. ¿Quién se ofrece de voluntario para instalar la pantalla? ¿Quién lo ayuda?
_____

8. ¿Qué pasa cuando Johnny empieza a taladrar (*drill*) en la pared?
_____

9. ¿Qué usa Aguayo para llamar a su esposa? ¿Por qué?
_____

10. ¿Cuál piensas que fue la reacción de sus compañeros cuando Mariela dijo: "Adónde se va la luz cuando se va"?
_____
_____

6 **¿Qué opinas?** Comenta la observación de Diana: "Nada ha cambiado desde los inicios de la humanidad". ¿Por qué crees que lo dice? ¿Estás de acuerdo con ella? Explica con ejemplos.

_____
_____
_____

7 **¿Vida sin tecnología?** Haz una lista de los aparatos electrónicos que usas cada día. ¿Te imaginas la vida sin ellos? ¿Cuáles son indispensables para ti? ¿Cómo contribuyen estos aparatos a hacer tu vida más fácil y/o más divertida? Contesta las preguntas y explica con ejemplos. Escribe al menos cinco oraciones.

_____
_____
_____
_____
_____
_____
_____

Video Manual

NECESITO UN AUMENTO

Lección 8

Antes de ver el video

1 Un aumento de sueldo Fabiola le pedirá a Aguayo un aumento de sueldo. ¿Crees que Fabiola tendrá éxito? Imagina que está ensayando (*practicing*) con sus colegas lo que va a decirle a Aguayo. Escribe la conversación entre Fabiola y sus compañeros.

_____
_____
_____
_____
_____
_____

Mientras ves el video

2 Completar Aguayo y los empleados de *Facetas* recuerdan el primer día de Fabiola y Johnny. Presta atención a estos dos segmentos y completa las oraciones.

1. Mi padre es _____ y no es _____.
2. Por un momento _____ que me había _____ de ti.
3. Se supone que _____ aquí hace media hora y sin embargo, _____ tarde.
4. Aquí se _____ a las nueve.
5. En mi _____ anterior _____ a las cuatro de la mañana y jamás _____ tarde.

3 ¿Quién lo dice? Diana habla con Fabiola y Éric del regalo que quieren hacerle a Aguayo. Escucha con atención esta parte de la conversación y escribe el nombre del personaje que dice cada oración.

Personaje

1. Chicos, he estado pensando en hacerle un regalo de aniversario a Aguayo. _____
2. Siento no poder ayudarte, pero estoy en crisis económica. _____
3. Por lo menos ayúdenme a escoger el regalo. _____
4. Debe ser algo importado. Algo pequeño, fino y divertido. _____
5. ¿Qué tal un pececito de colores? _____

4 Ordenar Ordena las acciones del uno al cinco.

_____ a. Fabiola habla con Aguayo en su oficina.
_____ b. Aguayo recuerda cuando Fabiola llegó a la oficina para una entrevista.
_____ c. Mariela le da un billete a Éric.
_____ d. Diana recuerda el primer día que Johnny trabajó en la oficina.
_____ e. Aguayo brinda por el éxito de la revista y por quienes trabajan duro.

Video Manual

Después de ver el video

5 **¿Sabes la respuesta?** Contesta las preguntas dando tantos detalles como puedas.

1. ¿Qué celebra la revista *Facetas*?

_____

2. ¿Por qué pensó Éric que Fabiola era millonaria?

_____

3. ¿A qué hora entraba Johnny a su antiguo trabajo?

_____

4. ¿Qué le apostó Mariela a Éric? ¿Quién ganó la apuesta?

_____

5. ¿Por qué Fabiola no puede ayudar a comprar un regalo para Aguayo?

_____

6. ¿Por qué cree Fabiola que merece un aumento de sueldo?

_____

7. ¿Qué compañías dice Fabiola que están detrás de ella?

_____

6 **Un aumento de sueldo** Has trabajado duro durante dos años en la misma empresa y crees que mereces un aumento de sueldo. Escribe una conversación entre tu jefe y tú.

_____

_____

_____

_____

_____

_____

_____

7 **¡Cuántos recuerdos!** En este episodio, algunos de los empleados de *Facetas* recuerdan su primer día de trabajo en la revista. ¿Recuerdas tú tu primer día en la escuela secundaria o tu primer día en la universidad? ¿Cómo te sentías? ¿Qué hiciste? ¿A quién conociste? Usa estas preguntas como guía para contar lo que ocurrió ese día. Escribe por lo menos seis oraciones.

_____

_____

_____

_____

_____

_____

_____

Video Manual

216 **Lección 8** Video Manual

¡O ESTÁS CON ELLA O ESTÁS CONMIGO!   Lección 9

Antes de ver el video

1 **¿Qué tal te fue?** Fabiola regresa de una entrevista con Patricia Montero, la gran actriz de telenovelas. Lee el título de este episodio y observa la imagen. ¿Qué crees que van a hacer Johnny y Aguayo? ¿Quién dice "o estás con ella o estás conmigo"? ¿Por qué? Escribe cuatro predicciones sobre los eventos que ocurrirán en este episodio.

_____

_____

_____

_____

_____

_____

_____

Mientras ves el video

2 **¿Quién lo dice?** Mira y escucha con atención la segunda escena del video y escribe el nombre del personaje que dice cada oración.

_____ 1. Y al terminar la entrevista, cuando salí del camerino, un señor se me acercó y me preguntó si yo era la doble de Patricia Montero.

_____ 2. ¿Y qué le dijiste?

_____ 3. Dije, bueno… Sí.

_____ 4. No puedo creer que hayas hecho eso.

_____ 5. No tuve opción. Fue una de esas situaciones en las que uno aunque realmente, realmente no quiera, tiene que mentir.

_____ 6. ¿Y qué pasó después?

_____ 7. Me dio estos papeles.

_____ 8. ¡Es el guión de la telenovela!

3 **Completar el final** Escucha con atención el segmento del video en el que Fabiola ensaya su escena. Escribe la letra del final correcto de cada oración en el espacio que está al final de la primera columna. Luego completa los espacios en la segunda columna con la información que escuches.

Principio	Final
1. Página tres. La escena en donde _____	a. _____. ¡O estás con ella o estás conmigo!
2. ¡Fernando Javier! Tendrás que _____	b. _____. Espero que se hayan divertido a mis espaldas.
3. Ni la amo a ella, ni te amo _____	c. Valeria _____ a Fernando con Carla.
4. Sé que decidieron _____	d. _____. Las amo a las dos.

Después de ver el video

4 **Ordenar** Ordena los sucesos del video del uno al seis.

_____ a. Aguayo y Johnny interrogan a Fabiola con mucho interés.

_____ b. Fabiola entra a la oficina con un casco de ciclista (*bike helmet*), unas coderas (*elbow pads*) y unas rodilleras (*knee pads*).

_____ c. Aguayo empieza a leer emocionado una escena del guión.

_____ d. Fabiola, Johnny y Mariela ensayan las escenas de la telenovela en la oficina.

_____ e. Fabiola llega a la oficina después de una entrevista.

_____ f. Diana llega a la oficina con unos paquetes en la mano y se le caen.

5 **¿Por qué?** Contesta las preguntas con oraciones completas.

1. ¿Por qué crees que Aguayo deja que Fabiola ensaye sus escenas en la oficina?

_____

2. Aguayo le dice a Fabiola: "Me alegro que hayas conseguido ese papel en la telenovela. El otro día pasé frente al televisor y vi un pedacito, sólo treinta segundos. Mi esposa no se la pierde". ¿Por qué crees que Aguayo enfatiza "sólo treinta segundos" y luego añade "Mi esposa no se la pierde"?

_____

_____

3. ¿Por qué se le caen los paquetes a Diana cuando llega a la oficina?

_____

_____

6 **Información y comunicación** Contesta estas preguntas y explica tus respuestas.

1. ¿Te gustan las telenovelas en español? ¿Sigues alguna telenovela en particular?

_____

_____

2. ¿A través de qué medio(s) de comunicación te gusta seguir la actualidad? ¿Por qué?

_____

_____

3. ¿Qué papel tiene Internet en las comunicaciones y en la cultura popular?

_____

_____

7 **Las telenovelas** Basándote en lo que sabes sobre las telenovelas y las escenas de Fabiola en este episodio, ¿cuáles son algunos elementos y situaciones típicos de las telenovelas? ¿Por qué crees que las telenovelas son tan populares? En tu opinión, ¿a qué tipo de personas les interesan las telenovelas? ¿A ti te gustan? ¿Por qué? Escribe por lo menos seis oraciones para responder a estas preguntas.

_____

_____

_____

_____

_____

_____

_____

Video Manual

Nombre _____   Fecha _____

Antes de ver el video

1 **¡Es arte!** Lee el título de este episodio y observa la imagen para responder estas preguntas: ¿Qué significa la frase "pinturas radicales"? ¿Cuál sería la expresión opuesta? ¿Qué están haciendo Mariela, Éric y Johnny? ¿Notas diferencias y/o similitudes en sus expresiones faciales? ¿Por qué?

_____

_____

_____

_____

_____

_____

Mientras ves el video

2 **Completar** Johnny, Éric y Mariela fingen que están en una galería de arte. Escucha con atención esta escena del video y completa la conversación.

JOHNNY Me imagino que habrán 1) _____ toda la 2) _____. ¿Qué les parece?

ÉRIC Habría 3) _____ ir al cine. Estas 4) _____ son una porquería.

JOHNNY No puedes decir eso en una exposición. Si las obras no te gustan, puedes decir algo más 5) _____ como que son 6) _____ o radicales.

MARIELA Si 7) _____ pensado que son 8) _____ o que son radicales lo habría dicho. Pero son horribles.

JOHNNY Mariela, horrible 9) _____ no se 10) _____.

3 **¿Quién lo dijo?** Escribe el nombre del personaje que hizo cada uno de estos comentarios.

_____ 1. Es lo que la gente hace con el arte. Sea modernismo, surrealismo o cubismo, si es feo es feo.

_____ 2. Habría preferido ir al cine.

_____ 3. Es como el verso de un poema.

_____ 4. Voy a hablar con el artista para que le haga los cambios.

_____ 5. Podrías llegar a ser un gran vendedor de arte.

Lección 10 Video Manual   **219**

Video Manual

Después de ver el video

4   **Oraciones falsas**   Todas estas oraciones son falsas. Reescríbelas corrigiendo la información incorrecta.

1. Johnny lleva a la oficina unas esculturas para venderlas.

   _____

2. Mariela, Éric y Johnny fingen que están criticando las obras de arte en un museo.

   _____

3. Éric cree que en las galerías de arte debería haber más bebidas.

   _____

4. Diana cree que las pinturas de Johnny son impresionantes.

   _____

5. Fabiola quiere comprar las tres pinturas que Johnny tiene.

   _____

6. Johnny imagina que está dirigiendo una orquesta filarmónica en la oficina.

   _____

7. Fabiola cree que la Mona Lisa debería tener el pelo de color amarillo.

   _____

8. En vez de pagar la apuesta, Mariela prefiere invitar a Éric a cenar.

   _____

5   **¿Qué opinas?**   ¿Qué piensas tú de la pintura que compra Fabiola? ¿Y de la *Mona Lisa*? Basándote en tus conocimientos de arte y en lo que has aprendido en esta lección, escribe una breve crítica de arte para cada uno de estos cuadros.

1. _____   2. _____

   _____   _____

   _____   _____

   _____   _____

6   **En una subasta**   Si pudieras comprar cualquier obra de arte que quisieras, ¿qué obra (o qué tipo de obra) comprarías? ¿Por qué? ¿Qué harías con la obra? Escribe al menos seis oraciones en respuesta a estas preguntas.

_____

_____

_____

_____

_____

_____

_____

LA RUEDA DE PRENSA

Lección 11

Antes de ver el video

1   **Una pequeña confusión** Aguayo y los empleados de *Facetas* esperan hoy la visita de una diputada muy importante. Mira esta fotografía y describe lo que crees que ha pasado y lo que puede pasar.

_____

_____

_____

_____

_____

_____

_____

Mientras ves el video

2   **Completar** Mira y escucha con atención estas tres conversaciones y completa las palabras que faltan. Luego escribe delante de cada número el nombre del personaje que dice cada oración.

¿Dónde está la diputada?

_____ 1. Si no regresas con la _____, estás despedida.

_____ 2. Es una mujer _____, con ojeras y de aspecto militar.

_____ 3. No puedo creer que se haya _____ de nombre.

_____ 4. Todo se arreglará. _____ con calma.

_____ 5. Ya la encontrará. Son _____, aparecen sin que nadie los _____.

Regalo de bienvenida

_____ 6. Queremos _____ un regalo de bienvenida.

_____ 7. Tiene una dedicatoria en la parte de atrás _____ en caligrafía por nuestra artista gráfica.

_____ 8. Por su aportación a la democracia, los _____, la justicia y la _____.

_____ 9. Cualquier político que luche contra la _____ se convierte en un fenómeno _____.

_____ 10. Acaban de _____ con Ricky Martin.

Rueda de prensa y metida de pata

_____ 11. Hacer _____ la ley le ha dado una posición de _____ en el gobierno.

_____ 12. Se _____ de todos los detalles de mi futuro _____ en la próxima edición de la revista *Facetas*.

_____ 13. _____, ¡no! sino que los periodistas de *Facetas* son los _____ que tratan la política con _____.

_____ 14. Lo _____ pero no _____ a ninguna _____, con ojeras y con aspecto militar.

_____ 15. Aunque ahora mismo regreso a ver si _____ a la _____ diputada.

Video Manual

Después de ver el video

3 **¡Todo es falso!** Todas estas oraciones son falsas. Reescríbelas con la información correcta.

1. Tere Zamora es una escritora famosa por sus recetas de cocina.

_____

2. Tere Zamora llega a la redacción de *Facetas* para una entrevista de trabajo.

_____

3. El equipo de *Facetas* le entrega a Tere Zamora un florero.

_____

4. El florero tiene una dedicatoria en el medio escrita por el fotógrafo de *Facetas*.

_____

5. En la alfombra se lee: "Por su aportación a la inseguridad ciudadana, la desigualdad social, la discriminación y la injusticia".

_____

6. Se enterarán de todos los chismes de mi pasado artístico en el próximo episodio de la telenovela *Intrigas*.

_____

4 **¿Cuándo pasó?** Indica con un número el orden en que ocurrieron los hechos.

_____ a. Mariela vuelve al aeropuerto a ver si encuentra a la diputada.

_____ b. Tere Zamora llega sola a la oficina de *Facetas*.

_____ c. Mariela regresa decepcionada del aeropuerto y mete la pata (*puts her foot in her mouth*).

_____ d. Mariela regresa a la oficina sin la diputada.

_____ e. Diana le entrega a la diputada un obsequio en nombre del equipo de *Facetas*.

_____ f. Aguayo amenaza con despedir a Mariela si no regresa con la diputada.

_____ g. Los periodistas confunden a Johnny con Ricky Martin.

_____ h. Mariela, avergonzada (*embarrassed*), intenta arreglar la situación y se va.

_____ i. Diana deja caer el plato al suelo a propósito (*intentionally*).

5 **Tu entrevista** Tienes la oportunidad de entrevistar a un(a) político/a de tu estado o país. Haz una lista de seis preguntas que le harías sobre los problemas que afectan a tu comunidad.

1. _____
2. _____
3. _____
4. _____
5. _____
6. _____

ESTA NOCHE O NUNCA # Lección 12

Antes de ver el video

1 **¿Lista?** ¿Cuál crees que es la novedad hoy en la redacción de *Facetas*? ¿Adónde crees que van todos tan elegantes? ¿Sobre qué va a tratar este último episodio? ¿Cuál crees que sería un buen final?

_____

_____

_____

_____

_____

_____

_____

Mientras ves el video

2 **¿Qué personaje lo dice?** Mira y escucha con atención la primera escena del video. Completa las oraciones y escribe el nombre del personaje que dice cada una.

_____ 1. ¿Qué haces _____ así tan temprano?

_____ 2. La ceremonia no comienza hasta las _____ de la noche.

_____ 3. Lo sé pero tengo que _____ con el traje puesto.

_____ 4. ¿Practicar _____?

_____ 5. Ponerme de pie, _____ las escaleras, sentarme, saludar y todo eso.

3 **¡Llegó la lista!** Aguayo lee la lista de los nominados. Presta atención a esta escena e indica en qué categoría ha sido nominado cada uno de los personajes.

Nominados
1. Éric
2. Mariela
3. Aguayo
4. Johnny

Categorías:

Mejor... _____

_____

_____

_____

4 **Conversaciones** Escucha la conversación entre Mariela y Fabiola, y la conversación entre Johnny y Éric. Luego completa estas versiones resumidas.

MARIELA Mira qué 1) _____ tan bonitos voy a 2) _____ esta noche.

FABIOLA Pero... ¿tú sabes 3) _____ con 4) _____?

JOHNNY ¿Con 5) _____ vas a 6) _____ esta noche?

ÉRIC ¿Estás 7) _____? Entre 8) _____, comida y todo lo demás, me 9) _____. Mejor voy 10) _____.

Después de ver el video

5 **Pero... ¿Por qué?** Contesta las preguntas con oraciones completas.

1. ¿Por qué llega Johnny a la oficina vestido de traje temprano por la mañana?

_____

_____

2. ¿Por qué prefiere Éric ir solo a la ceremonia?

_____

_____

3. ¿Por qué cree Johnny que Éric debería invitar a Mariela a la ceremonia?

_____

_____

_____

6 **¿Y el final?** Completa estas oraciones.

1. Aguayo ha sido nominado por su artículo _____.

2. Johnny no ha sido nominado para ningún premio porque _____.

3. El problema que tienen los zapatos de Mariela es que _____.

4. Fabiola le aconseja a Mariela que _____.

5. A Johnny se le cae al suelo _____.

7 **Gracias por este premio...** Imagina que te acabas de enterar de que recibirás el premio al mejor estudiante de español de tu escuela o universidad. ¿Cómo te sientes? Inspírate en el discurso de Johnny para escribir uno propio. Nombra a todas las personas a quienes quieras agradecer y explica por qué les agradeces. Escribe al menos seis oraciones.

_____

_____

_____

_____

_____

_____

_____

_____

_____

_____

_____

Video Manual